新潮新書

南 直哉
MINAMI Jikisai

苦しくて切ない
すべての人たちへ

JN052457

1037

新潮社

はじめに

「ご自由になさって下さい」とか「お好きにどうぞ」と言われて、嬉々としてすぐに物事に取り掛かれる人は、そう多くないだろう。

「自由」は当節「選択の自由」として実現するから、選択肢を準備しなければならず、他人が用意してくれるならともかく、自前となれば事は面倒である。

「お好きに」にしても、食べ物程度の話なら簡単だが、そうでなければ、およそ「好み」を正確に自覚しながら生きている人物はまれだから、「お好きに」と言われても、結局よくわからず、大概の者は、誰でもするようなことを、誰でもするようにすることが多い。

本書のもとになった連載は、まさに「自由に、お好きに」と編集者に言われて始まった。その後の筆者の呻吟《しんぎん》が察せられてしかるべきである。

しかも連載のタイトルは、「お坊さんらしく、ない。」、だと言う。長い付き合いの編集者なので、私との仕事に飽きて、「これも一興」と考えているのかと思ったが、「そのフレーズは、南さんの文の中にありますよ」と言われてしまった。確かにある。

それにしても、である。ただ、私は、事タイトルに関しては、編集者尊重主義者なので、ここは黙って従った。

結果、今にして思えば、そのとおりの文章になった。

中身の振れ幅が大きく、論旨も突飛で、実際「坊さんらしく、ない」が、それでもやはり、自分の文章である。お坊さんになろうとして、なっているはずなのだが、にもかかわらず、どこかなり切れない辛さが、そこはかとなく漂っている。

その連載が一区切りつき、編集者が本にすると言う。言われてまもなく、タイトル候補の一覧が来た。その一番上にあったのが、今本書についているタイトルである。

さすがの私も、これには抵抗があった。

すると編集者は言った、「南さんの文章からとったタイトルです」。確かに、そのものではないが、似たようなことは言っている。それでも私は抵抗した。が、彼の態度と語調には、確信めいたものがあった。従う他なかった。

結果、後日校正してみると、その「慧眼」を、私は認めざるを得なかった。

ゴータマ・ブッダは、在りし日に「一切皆苦《いっさいかいく》」と言った。「一切」である。

人が生きていれば、喜怒哀楽が世の常であろう。その全部をひっくるめて、ブッダは「苦」と言うのだ。嬉しいことも、楽しいこともあるだろうが、それでも「苦」なのだ。私はここに共感して出家したのである。

その共感が、通奏低音のように本書には流れている気がする。笑い話を笑ってすませ切れない、拗《こじ》れた苦しさが残る。同時に、苦しいことの中に、何とかその意味を見出そうとする、滑稽な切なさがある。

この「苦しさ」と「切なさ」を共有してくれる人は、広い世間にはいるかもしれない。

修行僧になって四、五年経った頃、今は亡き師匠に言われたことがある。

「お前。この先どうしたい？」

「それは、いずれ住職にでもなって……」

「何が、『でも』、だ。舐めるな。そんなことを訊いているんじゃない。ちゃんと答えろ」

「……絶対にわからないことを、わかりたいんです」

「そうか……、バカは死ななきゃ治らんか。ご苦労だな」

結局、本書は、そのことについて書いたものである。

目次

第四章　よい宗教、わるい宗教　157

第五章　苦と死の正体　191

＊本書は、Ｗｅｂマガジン「考える人」の連載「お坊さんらしく、ない。」（二〇二一年五月〜二〇二三年十月）を加筆修正、改題したものです。

第一章　恐山夜話

一　お似合いの場所――「霊場恐山」について

俗に「マサカリの形をした」と言われる青森県下北半島の真ん中、そこに霊場恐山《おそれざん》がある。その院代（住職代理）を務めて、二十年近くが過ぎた。

ありがたいことに、講演などで全国を回ってみると、恐山の知名度は中々のものである。「行ったことのある人！」と呼びかけると、どこでも数人の方が手を挙げてくれる。

私もそうなのだが、そこそこの知名度がありながら、「恐山のことをいつ頃、どうして知りましたか?」と訊いてみると、はかばかしい答えを返してくれる人は少ない。「え?　いつかって……、なんとなく、ねえ」みたいな返事が多い。

他の名所旧跡など、たとえば奈良・京都の名刹《めいさつ》とは違うだろう。とにかく教科書に出て来るのは大した強みだ。歴史・地理などの刷り込みは強い。

そうでないとすると、旅行関係の宣伝、テレビ・雑誌などのメディアを通じて、いつのまにか知られていくパターンで、おそらく恐山にも当てはまるだろう。このとき、恐山が世間の大方に対して与える最大のインパクトは、何を隠そう、その名前である。

「霊場恐山」とくれば、まず一度聞いたら忘れないはずだ。

よりによって「霊」に「恐」である。これだけでイメージ喚起力は十分すぎる。そこにあの火山岩ゴロゴロの風景。林立する風車。さらにトドめの「イタコ」さん、つまり女性霊媒師。

これだけそろえば、「霊場恐山」はほぼ自動的に「幽霊の出る恐いところ」と思うのが人情である。ただ、このイメージはそう昔からあるものではない。

昭和四十年代、高度成長によって日本人が豊かになり、庶民にも旅行がブームになってきた頃、「ディスカバー・ジャパン」など業界キャンペーンが盛り上がり始めた。その時代の波に乗って、様々なメディアの合作で、今に至る恐山のイメージは制作され、流通していったのである。

昭和三十年代以前にはほとんどいなかったイタコさんが、「恐山のイタコ」と称され、まるで恐山に所属しているか、当方が雇っているかのように思われるようになったのは、千年以上の恐山の歴史の中で、ここ五十年ほどのことに過ぎない。

＊

院代になる以前に私が持っていた恐山のイメージもこれと大差ない。いつこの名前を知ったのかもわからないし、永平寺の修行僧になって、恐山が曹洞宗に属していることを知ったときには仰天した。

鳥も起きていない午前三時半にたたき起こされて、坐禅だ、お勤めだ、掃除だ、勉強だと、息つく間もない「修行道場」永平寺と、いわば「イタコの霊場」恐山が同じ宗派とは思いも寄らなかった。まず似ても似つかないと思うのが当然である。そして、いわばその「似つかなさ」を体現しているのが、院代たる私自身であろう。

永平寺で足掛け二十年、直後に東京で若い修行僧と修行して二年、永平寺でダース・ベイダーとまで言われた男が、そのまま恐山に入ったのである。私を知る多くの人間は驚いたはずだ。私も驚いたくらいである。

有体に言えば、恐山山主の娘が私の妻だという縁なのだが、何もここに縁が出来なくてもよさそうなものだ。私の亡父が生前、「長野で生まれて福井にきて、今度は青森か。親戚ぐらい暖かいところにならんのか」と言っていたが、まことに気の毒なことをしたものである。

大方が一番不審に思ったのは、それまでの私の言動、すなわち言ったり書いたりしたことと恐山のイメージが、あまりにかけ離れていたからだろう。

過去に何度か書いたり話したりしているから、ご存じの方もいるかもしれないが、私が出家したときの大問題は、「死ぬとはどういうことか」ということと、「自己が自己である根拠は何か」ということで、これは基本的に今なお変わらない。それが修行僧時代はもっと極端で、それ以外はほぼ眼中になかった。

つまり「死後の世界」だの「死後の霊魂」だのはどうでもよかったのである。葬式法事などは、需要あってのサービスくらいにしか考えていなかった。

しかし、世間では、この二つの「死後問題」こそ坊さんの専門だと思っている人が多数派だから、これに関する質問もよく受けたが、私はこれに対するに、ゴータマ・ブッダ直伝の「無記」の教えを金科玉条にして答えていた。つまり、その類の質問には答えない、という態度である。

死後問題にまともに答えるとおかしなことになる。なぜなら、答える人は例外なく生きているからである。死んだ人間が出て来てインタビューに応じるならともかく、生きている人が「死後」について語れるわけがない。

彼がどんな驚くべきことを言い出そうと、それは生きている人が、生きている間に、生きている経験として、話すことである。「死後」とはまったく関係ない。

ということは、死後の世界や霊魂について、誰が何を言おうと、それが正しいか間違っているか判断する基準が無いわけで、だからブッダは答えなかったのである。

*

私も恐山に入る前は、この方針を貫徹していた。が、いよいよ今度の相手は恐山、イタコの霊場である。「答えません」一本槍では通じないだろうと、最初のうちは戦々恐々としていた。

ところが、入って心底驚いたのは、あの風景でもイタコさんの口寄せでも、さまざまなバージョンの幽霊噺でもない。そんなものではなく、驚いたのは、本州最北のこの地まで遥々やって来る人間そのもの、だった。

無論、ここも観光地の側面はある。最近はその色合いのほうが濃厚だと思うむきもあろう。しかし、そう思う人の大半は、自らが観光で来ているか、それと五十歩百歩だ。

問題は、観光ではないのに来る人である。すなわち、「お参りの人」だ。

衝撃的と言いたいほど印象深かった例を一つ紹介しよう。

ある日の夕方、境内の営繕を担当する従業員が寺務所にやって来て、

「本堂に変な物がある。ちょっと見に来て下さい」

いい年をしたおっさんが、どことなくおびえている。

恐山は、特に危険とか支障が無い限り、お参りの人が持ち込んだものを、本堂で預かって供養している。それは、遺影、故人の衣服・履物、人形、文房具、エトセトラ。

その日、本堂で私が見たものは、人形であった。手作りで等身大。もとは白い布だったのだろうが、今は茶色に変色した丸い顔に、七三分けの毛糸の髪の毛、目鼻口耳もちゃんと縫い付けられて、学生帽を被っている。

胴体には詰襟、両袖の先は軍手の手。ズボンの両足は、黒靴下に詰め物がしてあって、青いスニーカーを履いていた。どうみても、中学生のいでたちである。

私は急いで受付にとって返して、

「あの、本堂に大きい手作りみたいな人形があるけど、誰か知ってる?」

「ああ、あれ、さっきお婆さんが持って来ましたよ。結構な歳の。亡くなった息子さん

のかわりで、ずっと一緒に暮らしていたそうです。今度高齢者施設に入ることになったので、一緒にいられなくなって、恐山なら納めてくれると思って、連れて来たと言ってました」

受付の和尚《おしょう》も正確に「連れて来た」と言った。そのお婆さんの気持ちを察したのだろう。彼女はそれを段ボールに入れて宿屋に送ったり、鞄に入れて持ち込んだのではないと、私は思った。

もう高齢だ。ここにひとりで来るのに、自家用車ではあるまい。飛行機か電車かしらないが、まさに自分で「連れて来た」のだろう。あの大きさだったら、切符も買って、隣の席に坐らせたのかもしれない。

この人形は人形ではない。まさに息子である。そういうものとして、死者として、実在する息子である。

私は恐山でつくづく悟った。恐山にいるのは、霊魂でも幽霊でもない。いるのは死者なのだ。圧倒的な密度で、場合によっては生きている者よりリアルに存在する死者なのだ。生きている誰が、年寄りを恐山まで一人旅する気にさせるというのだ。息子は死んでいるからこそ、それができたのである。

＊

恐山に行く話が出た時、私は師匠に相談した。

それまで師匠は、

「オマエにでかい寺はダメだ。小さい寺でやれ」

「はあ、私もそうは思いますが、どうしてですか？」

「オマエ、仏教の勉強がしたいんだろ？　寺がでかいと何かと面倒なことが多い。関わる人間も様々だ。オマエみたいに基本的に我儘なヤツには向かん」

と、ずっと言っていた。

その師匠が、恐山の話をしたら即座に、

「恐山か。いい。オマエ、行け」

「えっ？　でも、でかいですよ」

「いい。他はダメだ。どんなに大きくても有名でも、ダメだ。だが、恐山はいい」

「で、でも、ぼくに似合わんでしょう？」

「いや、似合う。行け」

その時、何が似合うのかさっぱりわからなかった。

しかし、今になってわかる。

恐山で死者の実在を知って、私は「現実」と呼ばれるものの複雑さと多様さを、身に染みて思い知った。理屈で講釈していたことを「体解」した。

それは少なくとも、私が考え続けてきた「死」と「自己」の問題に、新しい地平を拓くものだった。

まさしく恐山は私に似合っていたのだ。師匠はやはり師匠だったのである。

二　後ろ向き人生訓

恐山にいると、地元の学校などから学習や行事に協力するよう求められることがある。先だっても、知り合いの先生から電話があって、

「〈総合学習〉の一環で、恐山を調べたいという生徒がいるんですが、協力してくれませんか」

その日は恐山にいるので、境内を案内して質問に答えることくらいはできると言うと、当日、先生に引率されて十人くらいの生徒さんがやってきた。

さすがは、「学習」で来ているので、下調べがしてあるらしく、案内する私の話を熱心に聞いてくれ、質問も的確で、感心してしまった。

その案内が終わりに近づいた頃、それまで列の最後尾にいた先生が、いつの間にか追い付いてきて、肩が並んだ私に話しかけてきた。

「南さん、お忙しいところ申し訳ないが、最後に生徒たちに何か少し話をしてくれませんか。元気そうに見えても、やっぱり色々抱えている子も多いんです。家のこととか、友達関係とか。何か励ましというか、きっかけになる言葉をかけてくれませんか」

「だったら先生、話を僕に全部任せますか？　僕は夢だの希望だの、努力は報われるだの、前向きのことは一切言いませんよ。子供の頃、それこそ夢も希望も枯れ果てたような中年オヤジが、卒業式なんかで押しつけがましい訓示を垂れるのに、ホトホト辟易してきた自分です。本当にそうだと思ったことしか言いません。それでよいですか？　その後どうなっても、僕は一切責任をとりませんよ」

すると先生は即座に、

「それで結構です！　言いたいことを言ってください！」

「では」と始めたのが以下の話である。

「生きているだけで大仕事」

僕は、「生きていることは素晴らしい」なんてことは、決して言わない。

そう思う人は誠に結構で、実際、楽しく嬉しく愉快な人生を送っている人は、実にめでたい。ただ、こういう人たちは、仏教などどうでもいいし、仏教の方も、彼らはどうでもいい。

仏教が手を伸ばそうとするのは、苦しくて切なくて悲しい思いをしている人たちで、その人たちのためだけに、仏教はある。もちろん、今は楽しく愉快にやっている者も、いつか一転、苦しさに喘《あえ》ぐこともあるかもしれない。その時は、仏教が役にたつこともあるはずだ。

しかし、多くの人たちは、喜怒哀楽は様々でも、おそらくは、いろいろなことを背負って、愉快なことよりつらいことが多い日々を生きているだろうと、僕は思う。だったら、仏教もそれなりに広く、世の中に必要とされるかもしれない。

そもそも、僕たちは誰も生まれようと決心して生まれてこない。生まれたい時に、生まれたいところに、気に入った親を選んで、生まれたいようには生まれてこない。

問答無用でこの世界に投げ出され、一方的に体と名前を押し付けられて、「自分」にさせられる。まさに不本意なまま、予《あらかじ》め人生は始まってしまっている。

これが重荷でなくて何が重荷と言うのか。もう生き始めた最初から、すでに大仕事になっているのだ。

その重荷を投げ出さず、今まで生きてきた事実だけで大したものだ。僕は君たちが生きてきて、恐山に来てくれたことに深く感謝する。そして敬意を表したいと思う。

「無駄な時間は大切だ」

もう君たちの年頃でも、「しなければいけない」ことで時間はぎゅうぎゅう詰めになっている。今しなければいけないことは、次にしなければいけないことに追われて、いつも「時間がない」、そう思うだろう。

違う。時間はある。「しなければならない」ことに塗り固められて、見えないだけだ。だいたい、事の始めに「しなければならない」ことなどない。我々は生きる意味や目的や理由を知らない。それを知らされて生まれてこない。それを納得して、生まれたいと思ったわけではない。そして、何かの役に立つために生まれてきたのでもない。生まれてきたら、役に立つこともあるにすぎない。ならば、最初に「生きなければならない」確かな意味も理由もあるわけがない。

これを言い換えれば、我々の人生の土台にあるのは、意味ある時間ではなく、無駄な時間である。役に立たぬ、無駄な自分である。我々はその無駄を発見し、無駄な時間を作るべきなのだ。

「○○のため」の時間を解凍して、すべての「ため」を流してしまう。そういう「無意味な」時間こそが、我々の「始め」にはあったのだ。

僕が尊いと思うのは、その「無駄」をあえて受け容れる者である。受け容れて、意味を自前で作ろうとする人である。あるはずだと錯覚した「意味」でスケジュールを切り刻んで走り回る人ではなく、そうではなくて、無駄で当たり前だと承知の上で、その人生を持ちこたえるために、あえて意味を創作する人である。無駄を受け容れて、無駄の上に意味をおいて、謙虚に考える人に、僕は強く共感する。

「適当に生きよう」

では、無駄な時間を大切に、どう生きたらよいのか。適当に生きればよいのだ。

ただし、これは考えも無しに場当たりで生きて行けということではない。

「適当」は「適《かな》う」ことであり「当たる」ことである。ならば、何に「適い」「当たる」べきなのか。

それは、各々の「生きるテーマ」である。「夢」でも「希望」でもない。「テーマ」。

自分は何を大切に、誰を大事に思って生きるのか、それを見つけ出し、はっきりさせることが、「適当に生きる」第一歩だ。

自分の「適当」が分かれば、それ以外の余分は切れる。それまで「しなければならない」と思い込んでいたことの大半は、捨てられる。本来の「無駄な時間」が還ってくる。その時間を安易に塗りつぶしてはならない。埋めることを急いではならない。

「『仕方がない』も決心のうち」

適当に生きていようといまいと、この世には自分の力ではどうしようもないことがある。自分の責任ではないのに、行く道を阻む、どうにもならないことがある。だったら、それは「仕方がない」と思い切るのだ。

ギブアップするのではない。逃げるのでもない。とりあえずやり過ごし、切り抜ければよいのだ。そのためには、「なぜこうなってしまったのか」と過去にこだわり過ぎてはいけない。また、なんとか解決しようと執着してもいけない。

「仕方がない」は、「過去」と「正解」を捨てる決意なのだ。

我々は人生を自分で始めなかった。つまり、「仕方なく」生き始めたのだ。ならば、これからも「仕方なく」生きていけばよいし、「仕方がない」という決心は、我々が生きるための大事なテクニックだ。

受け容れ難いものを受け容れなければならない時、「仕方がない」と呟いて生きよう。それも確かな「勇気」なのである。


……などということを調子に乗って喋っていたら、おしまいに先生から、

「それ、色紙に書いてください」

え？　色紙？　今言ったこと、学校のどこかに貼るの⁉

今まで何度後悔したことか、口は禍いの元。

三　テレビのトラウマ

二〇二二年九月、テレビに出た。某公共放送の「看板番組」と言われるもので、ゴールデンタイムもいいところの放送だった。過去にも数回出たことはあるのだが、これほどの有名番組は初めてである。

「ブラタモリ」という番組で、あのタモリさんが恐山にやって来て、私や下北半島の地質を研究している方々が、彼を案内するという体裁のもので、檀家が「方丈《ほうじょう》（禅寺の住職がいる書斎・居室。転じて住職の呼称）さんがブラタモリに出る」という情報を回覧する事態になり、改めてタモリさんの「偉大さ」に恐れ入った次第である。

幸いに番組は好評だったようで、お褒めの言葉をいただいたりしたが、実は、現在の恐山はメディアの取材については慎重かつ厳格である。基本的に、仏教か恐山信仰そのものをテーマにするものしか許可しない。例外は、参拝者が自由に拝観できる風景や建物しか撮影しない「旅番組」で、これには比較的寛容である。

絶対に許可しないのは、境内のイタコさんの撮影と、「心霊」関係の番組である。これは理由の如何を問わずダメである。恐山参拝者の心情と信仰の護持を最優先する山主の方針で、私も最大限尊重している。

恐山とは別に、私個人への取材依頼もある。そういう時は、テレビの場合、私へのインタビューか、誰かとの対談しか受けない。以前、私に三か月「密着」するというドキュメンタリー番組から依頼があったが、即座に断った。いつもの晩飯の様子や、移動中の新幹線の中まで撮って、何の意味があるのかわからなかったからだ。

テレビ出演を断ったことを後悔したことが一度だけある。

それは道元禅師の主著『正法眼蔵《しょうぼうげんぞう》』を都合100分で解説するという番組で、依頼された瞬間、「やろうかナ」と思ったのだが、自分が斯界の「アウトサイダー」だという自覚があったので、ここは「保守本流」に譲ったほうが奥ゆかしいだろうと、ガラにもなく謙遜し、その筋の学者を推薦して、辞退したのである。

ところが、出演したのはその学者に非ず、『眼蔵』については素人同然の評論家であった。当時、ネット上にも「あの人選はなかろう」とか、「アレなら南直哉を出したほうが面白い」というコメントがあったと、後で知人から聞いた。確かに「アレならオレがやるべきだった」と後悔したものである。

＊

かくのごとく、概して私がメディア、とりわけテレビの取材に消極的なのには、実は理由がある。トラウマがあるのだ。

私がテレビに生まれて初めて「取材」されたのは、今から四十年近く前、永平寺に入門して二年目のことである。某公共放送の永平寺特集に「隠し撮り」されたのだ。

当時私は、「暫到和尚《ざんとうおしょう》」（入門志願の新人修行僧）の教育係に配属されていた。私の係は、暫到和尚の所持品検査や基本的作法などを指導する部署で、私に言わせると「それなりに」厳格であった（後日当時の暫到和尚に会うと、私の「それなりに」は、彼らの「とんでもなく」になる）。

この部署の撮影は前日に終わり、私が指導当番のその日は、「いつものとおりでよし！」と、係の責任者にわざわざ確認の上、私は「いつものとおり」仕事をしたのである。

ところが、その日、私が所持品検査をした新人僧一人が、あろうことか、どこかの「クラブ」（女性とお酒を飲むところ）のメンバーズカードを持ったまま来てしまったのである！

所持品検査から一年ほど経ったあと、「どうして途中で捨てなかったんだ？」と彼に尋ねると、

「気がついたんですが、あまりのことに焦りと困惑で頭が真っ白になって、足だけ機械のように動いて、気がついたら門まで着いちゃったんです」（恐るべきは永平寺の圧力！）

入門の前晩、「娑婆《しゃば》との別れ」に当たり、友人たちが盛大な「壮行会」を開いてくれたらしく、彼はしたたか酔って、カードをもらったことも、どういう事情で持って来てしまったのかも、皆目わからなかったそうである。

しかし、あの時カードを見つけた私には、そんな事情は関係ない。「なんだ！　これはっ!!」の一喝とともに、文字通り首根っこを押さえて、玄関から外に叩き出したら、その新人僧は階段から転げ落ちた。三、四段の短い階段だったが、どういうわけか、彼は両手両足をひろげて一回転するような、派手な落ち方で、まさにこのシーンを隠し撮

りされたのである。

さらに「見どころ」は続く。

「いったいどういうつもりで永平寺に来たんだ！」と、立ち上がりかけた新人僧に、上から大声で怒鳴ったら、その私の背後右から、建設会社の課長を退職して入門した小柄な同輩が、「ここはなあ、ススキノやカブキチョウじゃねえんだぞっ！」。

この番組を見た大抵の人は、このセリフも私が言ったと信じているが、誓って私ではない。私はほぼ下戸《げこ》で、「ススキノ」は全く知らず、「カブキチョウ」も新宿の怖いところ、くらいの認識しかなかった。

後に聞いたら、番組のこのシーンが流れると、当時の永平寺の全外線電話が鳴り響き、全国の曹洞宗住職や僧侶の人たちから、怒声さながらの抗議が延々と続いたという。

「何だ、あの背の高い若僧は⁉」

「ヤクザ上がりなのか⁉」

「本山でカブキチョウとは何だ‼」

「あんなヤツ、昔は一人もいなかった！」

翌朝は大変だった。永平寺にテレビは無いから、何が起こったか知る由もない。一夜

明けたら、先輩から、

「直哉！　お前、下山だ！」

「どうするつもりだ？　アレ」

　老師方から、

「直哉和尚、困ったのお……」

「もう少し、やりようがのお……」

　それまで師匠と親しか知らなかった私の出家が親戚中にバレて、実家の電話も一晩中鳴り続けたという。

「ナオヤちゃんそっくりのお坊さんが、テレビに出てる！」

「何がどうしたの⁉」

「出家、なんで許したの⁉」

　当時の永平寺にまともな広報担当者がいなかったので、この映像を含め、ほとんど無制限に撮影して、そのまま放送できたのである。

　その後数年して、マスコミ各位にその名が知られるほど「厳格極まりない」広報担当者になった私は、知り合いの某公共放送局員に、さる筋から入手したビデオを見せて、

「これ、どこから撮ってるの?」

「少なくとも、百メートル以上は離れているでしょうねえ」

「でも、音は?」

「すごくデカい、高感度の集音マイクがあるんです」

この番組はビデオになって販売され、さらにDVD化した。以来、十年以上、永平寺入門志願者の「事前教育」ビデオの定番となった。

「こんなヤツ、さすがにもういないだろう」と思ってやって来ると、僧堂などで私を見て、「まだいる!」と驚愕する破目になったそうである。

この一件のトラウマが、私の「メディア原体験」であり、今に至るまで、「黙っているると何をされるかわからん」という警戒感と、一貫した「消極姿勢」の元になっているのだ。

＊

以来、数度、テレビに出たが、トラウマとは別に、一つ強く感じたことがある。それは、テレビで語る言葉の問題である。

テレビ番組は長くて一時間、特番でも二時間、どんなに深刻な問題でも、いかに複雑なテーマでも、その時間内にケリをつけなければならない。すると、言葉は、考えてから出すのでは遅くなりやすい。条件反射的に言葉が出ないと、往々にして間に合わないし、それが出来る者が重宝される。

ということは、テレビの中の言葉は、声が大きく、刺激的な言い回しほど、目立つし「売れる」だろう。それは往々にして、「思考のショートカット」になりかねない。私はテレビの言葉に馴れることの危険を感じたのである。

おそらく、ネット社会の拡大と深化は、この言葉の傾向を加速させるだろう。より刺激的で強い言葉が吸引力を持ち、その言葉もＡＩが用意することになりかねない。

自分で考える「面倒」を避け、アルゴリズムが導出した数個の選択肢を、「自分の考え」として選択するという、考えの省力化と効率化が奨励されるかもしれない。

それで何が悪い、という人もいるだろうが、私はそれに共感できない。おそらく、それは自分の言葉に対するプライドゆえであろう。そんなプライドに今後も意味があるかどうかは、定かではないが。

四　「赦す自分」を赦す

たまにメディアに出たり、あちこちで講演などしていると、なし崩し的に多少とも顔が知られ、思わぬところで声をかけられたりする。大抵は移動途中の駅や空港、列車や飛行機の中である。

一度、人と待ち合わせをしていたビルの前で、ショーウインドーを眺めていたら、突如、関取のように巨漢の白人が、恐ろしい勢いで一直線に近づいて来た。

いったい何事かと、身の危険さえ覚えてフリーズしてしまったが、その男は私の目の前で立ち止まり、恐ろしく流暢な日本語で言った。

「お坊さんでしょう？　この頃はそのような姿で街を歩くお坊さんも少なくなりました。がんばって下さい！」

彼は深々と一礼すると、文字通り踵《きびす》を返し、来たとき同様、一直線に雑踏に紛れ込んでいった。

こういうのは例外で、大抵は駅か乗り物の中である。五、六年前だったか、私は例によって、都内のある駅のプラットフォームに立っていた。すると、いきなり、左の肩をポンと叩く人がいる。

振り向くと、還暦前後かという初老の男が、

「失礼、恐山のお坊さんでしょう？」

「そうですが、あれ、前にお目にかかったことが？」

「いえ、いえ。テレビに出られたことがあったでしょ。それで」

「ああ、そうか」

「私もね、恐山にお参りしたことがあるんですよ、イタコさんに会いに」

「ほほう」

というやり取りから、剃髪頭と白髪の七三分けが並んで、プラットフォームの立ち話が始まった。そこで私は、今も忘れがたい身の上話を聞いたのである。

＊

この人の父親は、実は大変な艶福《えんぷく》家で、愛人のような女性が複数いて、彼に物心がつく頃から既に、ほとんど家にいなかったというのだ。ところが、驚くべきことに、時々、まったく悪びれることなく帰って来て、無邪気に「父親」らしく振舞っていたと言うのである。

事実、母子三人（彼には弟がいた）、暮らしに困らず、誕生日やクリスマスなどには、ニコニコしながらプレゼントを抱えて帰ってくるか、そうでなければ、どこからか小包で送られて来たそうである。

さらに驚くべきは、彼の母親、つまり艶福家の妻が、まるで夫を責めなかったというのだ。それどころか、「愛人」の何人かとは、付き合いがあったらしい。

しかし、子どもにとっては、黙っていられる話ではない。幼稚園以来、一度も参観日や運動会に来たことはなく、担任の教師の多くは、一家が母子家庭だと思っていたらしい。

思春期になってからは、何度もキレて、父親を怒鳴ったり、殴りかかったりしたそうだが、相手は完全な無抵抗主義で、常に母親が泣きながら間に割って入り、身を挺して止めたという。

「母さんは、なんであんな馬鹿親父をかばうんだ！　ひどいと思わないの⁉」

「お母さんは、いいの。お父さんは悪い人じゃないの」

　何度目かの大衝突の後、彼はついに諦めて、それなりの人生を歩み、上京して大学に入り、卒業して、とある会社に就職した。

　するとある日、母親から、父親が急死したという知らせが来た。それも、あろうことか、「愛人」宅で死んだのだという。

「参りましたよ。私、その家に遺体の引き取りに行ったんです」

「そりゃあ、なかなか……」

　こうなっては仕方がない。彼は喪主を務め、後の始末をつけ、母親は、この期に及んでも、

「ああ、よかった、安心した。これでお父さんも大丈夫。〇〇ちゃん（彼の愛称）、ありがとうね」

　収まらないのは、彼である。しばらく忘れていた父親への怒りが、再び腹の底から沸

いて来た。無理からぬところである。

「でもね、どうしようもないんですよ、死んじまったから」

「そりゃそうですなあ」

「で、ね、私、ある日急に思いついたんです。そうだ、青森の恐山にはイタコがいると聞いたことがある。一度、親父を呼んでもらって、とっちめてやろう」

「えーっ⁉」

＊

父親の死から数年後、彼はこの計画を実行に移す。社命で青森に出張した帰り、恐山に立ち寄ったのだ。

「何て言うんですか、七月のお祭りみたいな時で、大勢人がいて、イタコさんの小屋の前は大行列で、私は何時間も待ちましたよ」

この忍耐の結果、彼はイタコさんの前にでて、父親の「口寄せ」を依頼したのだ。

「ずいぶんお年を召したイタコさんでね、父の名前と命日を訊かれました」

「どうでした？」

「イタコさんは、何というか、お経か呪文のような唱え言をしつつ、一瞬、トランス状態みたいになったかと思うと、いきなり閉じていた白濁した目を見開いて、言ったんです。それがですね……」

彼は聊《いささ》か芝居がかったタメを作った。

「それが……?」

「それが、イタコさんがこう言ったんです。『アンタの父親はここにいないよ。どこか他所《よそ》に行ってるよ』、と」

私は驚くより、笑い出してしまった。

「ね、笑っちゃうでしょ。こっちは、とっちめるつもりで待ち構えていたのに、ですよ」

「いないと!」

「そう、もうガックリしちゃいましたよ。親父、あの世でもか、ってね」

彼はガックリしたと同時に、父親への怨みつらみも、どうでもよい気がしてきたと言う。

「本当に仕方のない親父だな、と思ったら、憑き物が落ちたような感じがしました」

この話を、「あの世」や「死後の霊魂」などの道具立てで解釈するかどうかは、聞いたものの勝手である。

しかし、この話で私が感じ入ったのは、それとは別なことである。彼は、恐山まで来て、やっと父親を赦《ゆる》せたんだな——私の感慨はそこにあった。

お互いに何本かの電車をやり過ごした最後に、彼はこう言った。

「何か不思議な気持ちになって、恐山を出て、レンタカーで空港に向かいました。そしたらね、あの恐山の山道を抜けていく間に、突然涙が出て来るんです。別に悲しいわけでもなんでもないのに、でも、止まらない。空港に着くまで、ずっと泣いてました。わけのわからない、とても不思議な経験でした」

思うに、「赦す」ことは難しい。なぜなら、単に相手を赦すのでは、赦しにならないからだ。

本当に人を赦すと言うなら、「赦す自分」を赦せなければならない。辛い経験をしたにもかかわらず、敢えて赦す。その赦す自分を赦す。

ついにそれができた者は、おそらく、辛かった自分の体験を、他人に「笑い話」のように話せるようになるだろう。あの彼のように。

五　名器の霊

コロナ禍前には、自分に面会の希望があれば、時間と場所に妥協を願って、なるべく会うことにしていたが、ここ四年ばかり、休止している。

すると、恐山や福井の住職寺に、結構な厚さの封書が届き、どうしても相談したいという主旨の手紙が入っていたりする。

私は、相談事には対面でしか応じないが、そういう人は、「いつでも、どこにでも出向きます」と言う。ここまで言う人の相談事は、それなりに「これは……」というものがあって、結局放置も出来ず、応じざるを得ない仕儀となる。

＊

この前、ギターを引き取ってほしいという、妙な手紙が来た。若い頃音楽家であった父親が、戦後まもなくヨーロッパで買い取った「名器」だと書いてある。

その名器の音色に惚れ込んだ父親が、譲渡を渋る所有者に説得を重ねて、ようやく手にしたものなのだが、所有者が渋ったのには、理由があった。

名器が惜しかったこともそうだろうが、それ以上に彼が逡巡したのは、このギターには、ある言い伝えがあったからである。時の所有者が、これを売るか譲渡するか、あるいは捨てるか、要するに手放すと、その人が死んでしまう、というのだ。

相談者の父親は、大笑いして「今時そんな迷信を……」と、さらに熱を上げて懇願し、ついに名器を手に入れて帰国した。弾けば素晴らしい音色である。父親は大いに喜んで、もう一度礼を言おうと、前の所有者に電話してみた。すると、彼ではなく、その妻が出た。

「夫は、つい最近、亡くなりました」

父親は、そのギターを倉庫に仕舞い込み、二度と弾くことはなかったそうである。

相談者がこの話を父親から聞いたのは、もう何年も経ってからで、偶然、倉庫の古いギターを見つけた時だった。それまで、その存在さえ知らなかったギターである。不思議に思うのは無理もない。

そこで父親にその由来を尋ねたところ、父親は逡巡の果てに、ついにこの話をしたそうである。

「いずれ、自分で処分する。お前には残さない」

と、父親は言い続けていたが、結局何もせず、亡くなってしまった。

その後ずっと、相談者には、この名器をどうするかが、頭の隅とはいえ、厳然と居座る問題になってしまう。

「気心の知れた友人にこの話をすると、みんな大笑いして、ただの迷信だと言うんです」

「そりゃ、そうでしょうねえ」

「私もそうは思うんです。そう思うんですが……」

「どうにも気になる」

「そうなんです。ただの迷信だと本当に思うんなら、すぐに処分できるでしょうが……」

「そうでしょうね。あるいは、黙って何も教えず、息子さんに任せてしまう」

「そうなんです。ですが、自分の時のことを考えると、それはできない。息子にも、このことは既に話してあるんです」

この人は、著名な大企業に長く勤めた人で、今はその企業と関係するＩＴ会社の社長である。「迷信」に縁のあるような人とは思えないのだが、気持ちは落ち着かぬまま、さらに数年が過ぎる。

ある日、相談者はふいに息子からギターの件を切り出され、ついに覚悟を決めた。とにかくまず、お寺で供養するか、神社でお祓いをした上で、その後引き取ってもらえないかと、あちこちの神社仏閣に少なからず相談したのである。が、その全てから、ほとんどニベも無く断られてしまう。

すると、知人の一人が、「恐山なら……」。

頼られるのは光栄と言わなければならないだろうが、「何でも」引き受けると思われても困る。こちらも「逡巡」したが、困っている気持ちの切実さ、その根にある深い不安はわかる。私は引き受けた。

＊

彼は妻を伴い、私が指定した日時に正確に恐山までやって来た。私は、恐山の正規の法要としてではなく、私個人が受けたものとして、ギターを供養する法要を、一人でした。そして、言った。

「供養はさせていただきました。このギターはお預かりします」

「本当にありがとうございます。あの、このギターケースはどうしたら……」

「持ち帰ってください。そして、燃えるゴミに出すなり、粗大ゴミに出すなりして、処分して下さい。いいですか？」

「わかりました」

「決して、他のお寺などに引き取ってもらおうとしてはいけません。今日で、ギターの件は終わりなのです。ここで気持ちを切るのです。ケースは『ゴミ』として捨てなさい」

「はい」

「そして、この後何が起ころうと、たとえあなたが死のうと、それはもう、ギターとは関係ありません！」

「はい、必ず捨てます」

この時、私は「迷信」を否定したかったのではない。そうではなくて、彼が現実に、かつ確実に持つ不安を受けとめて、それを無くせないまでも、少しでも軽くできないかと、そう思ったのである。

思うに、この種の不安は決して無くならない。突然何か良くないことが起こると、人は必ず「思い当たる」原因や理由を探して、納得しようとする。それがどんなに不合理なことであろうと問題ではない。要は、原因や理由として「思い当たれば」いいのである。

この原因や理由に対する、敢えて言えば「欲望」は、人間にしか無いのだが、睡眠欲・食欲・性欲など、他の生き物に共通する本能的「欲求」に匹敵するか、これを凌駕する強烈さを持つ。そして、この欲望は、我々の根源的な不安によって刺激され続ける。

その不安とは何か——。

それは、自分が何故存在するのかわからない不安、なぜ生まれて来たのかわからない辛さである。我々の生の根底には穴が空いている。決して埋めることのできない空洞がある。

これを無理やり何かで埋めようとすると、今度はその「埋め草」が、あらゆる物事の理由や原因として持ち出され、語られることになる。

しかし、事実としては埋まらないので、「埋まっている」と信じ込み続けなければならない。この無理が、いつか人を疲弊させていく。

私は、この穴を無理に埋めたいとも、それが埋まるとも思わない。その穴は自分にもある、と言いたい。そして、埋まらなくても何とかやっていこう、と言いたい。人間はそういう「仕方のない」存在なのだと、相憐れみたい。

＊

後日、彼から礼状が来た。

「実を申し上げれば、これで心配がすべて無くなるとは思いません。でも、ギターケースはゴミに出しました。和尚様には、心から感謝しております。ありがとうございました」

私は、嬉しかった。そして、ありがたいと思った。

第二章　禅僧の修行時代

一　修行道場の怪獣

修行道場というのは、毎日、毎月、毎年、することが決まっている上に、何をするにも作法や手順まで定まっていて、ほぼ完全な「ルーティンライフ」の日々である。

すると、そのルーティンを外れるような出来事が起こると、非常に目立つし、それ以上に、ある意味「退屈な」毎日を過ごす修行僧にとって、格好の話題となり、「娯楽」にもなるのである。

たとえば、我々が坐禅堂でとる正式な食事は、水も漏らさぬ厳格な作法に基づいていて、さらに完璧な沈黙と静寂が要求される。入門当初、タクアンを音無しで噛めと命令された時には、本当に仰天したものである。

そこで万が一にも箸でも落とそうものなら、これが箸を落とした音かと思うほどの派手な音が堂内に響き渡り、三十分程度の食事が終わる前に、道場中に落とした者の名前と、落とした状況が知れ渡るのである。

ただ、この程度のハプニングなら気晴らしですむが、何年かに一度、想像を絶するような事件が起きる。

＊

入門一年目の冬、私は参拝者の先祖供養を行うセクションに配属された。

そこには、法要を行う中心部の広間を取り囲んで、階段状に七、八段せり上がる、大きな位牌棚がいくつも設《しつら》えられていた。その棚には、全国の檀家・信者から納められた、膨大な数の位牌が隙間なくビッシリ、祀られているのである。

その正月、初詣の人々が夜通しお参りするので、我々も徹夜で申し込まれた法要を行い、明け方にようやく人通りが途絶えた。やれやれ、では少し休憩しようかとなった頃、突然、

「た、大変だあ！　来てくれえっ‼」

位牌棚の方で、同僚の修行僧が絶叫した。

あまりの大声に、全員が休憩室を飛び出して駆け付けると、

「わっ！」

信じがたい光景であった。位牌棚の最下段の真ん中に、一升瓶が並んで二本、その間に発泡スチロールの箱が置かれていて、蓋がズレている。その上、位牌棚の中段あたりに我々が見たのは、なんと生きた伊勢エビだった‼（ご先祖へのお供えにしても、いくらなんでも……）

体長三十センチ以上、巨大な触角を持った伊勢エビが、その触角で左右の位牌をなぎ倒しながら、ジグザグに位牌棚をよじ登って行くのである。まるで特撮映画で、怪獣が高層ビル群をぶち壊すような光景だった。

あまりのことに皆ビックリし過ぎて声も出ない。そのうち、中の一人が小さい声で、

「おい、じきさい……」

私に何とかしろと言うのである。この時、私は同僚の中で序列が首位だったので、たまたま責任者の古参和尚が外出していた手前、この珍事をどうするか、私が決めなくてはならなかったのだ。

とにかく、放置できない。すでにエビは最上段に向かい、触角が振られるたびに、バラバラと位牌は崩れ落ち、被害は拡大する一方である。私は意を決して、同僚に体を支

えられながら手を伸ばし、この狼藉者を鷲摑みにした。

でかい！　持っているだけで手が痛い！

「どうする？」

横にいた同僚が言った。

「逃がすか？」

別の者が言った。

「逃がすって、どこへ？　これ、外まで持って歩くのか？」

実は誰も逃がそうとは思っていないことは、すでに明白であった。しかし、ここは殺生どころか、肉食魚食ともに禁止、精進料理の道場である。

「刺身がうまいけどなあ……」

耐えかねたが如く、ついに声を漏らす者が出た。後ろから一声、

「おまえ、捌《さば》けるのか？」

「できない」

すると、最初に絶叫した修行僧が、

「どうする、じきさい……」

また私である！

しばしの沈黙の後、私は宣言した。

「こうなっては是非もない！　雑煮に入れて食おう！」

そこからは早かった。道場の厨房から運ばれてきた雑煮の餅を取り分けると、たちまちどこからか鍋が調達されてきて、その鍋を火鉢に載せ、全員が取り囲んだ。

そして、普段の法要では聞かないような、緊張感に満ちた、おそろしく声がそろった荘重な読経《どきょう》の中、ついに伊勢エビは成仏した?のである（一人分のエビの肉は少々だったが、スープは絶品であった）。

＊

今も忘れがたいこの一件とその味は、驚くべきことに、当時ほとんど他の修行僧の話題にならなかった。あのルーティンの毎日に突如として伊勢エビである。センセーションを巻き起こす大ネタになると、私は思っていたのに、そうはならず、私のセクションのメンバー以外に知るところとなったのは、ごく少数だった。

セクションの面々が全員口の堅い者ぞろいだったわけではない。そうではなくて、思うに、あまりに日常から外れた、突拍子もない事が出来《しゅったい》すると、修行僧も狼狽して沈黙し、結局「無かったこと」にするのである。ましてや、知られて後ろめたいところのある話なら、なおさらだ。

こういう事件は、しばらく時が経ち、「ほとぼりが冷めた」頃、たとえば修行を終えた後に、仲間が集まったような席で、大盛り上がりのネタになるのである。そうして、経験は修行僧時代のエピソードとして消化されていくのだ。

これはまあ、驚愕したにしても、所詮は笑い話である。

しかし、世には驚愕するだけではすまず、それを経験した人が大変なダメージを受ける事件、事故、災難がある。これはとても「無かったこと」にできないし、いつまでも「ほとぼりが冷める」時が来ない。

私たちは、あの驚愕を後に修行時代の思い出として語り、笑い話にして懐かしむことができた（もし食中毒でも起こしていたら、そう簡単に話題にして懐かしんだりできなかっただろう）。

これと比べるのは愚か極まりないが、あえて言えば、大きな災害、事故の被害者、理不尽な犯罪の被害者、そして遺族、この人たちの経験には、まず言葉が追いつかない。

容易に語ることができない。そういう状態が長く続く。それが当たり前であろう。

だが、私は、そういう人たちと出会うと、いつも思う。その経験はいつか語られなければならないと。

いかに過酷な経験であろうとも、語ることによって意味を与え、誰かがそれを聞いて、また言葉を送り返す中で、ついには「私」という物語の一部として、その経験が織り込まれていく。それが、人が生きる上で必要なのだと、私は思うのだ。


伊勢エビから二十年以上が過ぎて、あの時絶叫した同僚と偶然会うことがあった。

「あの時さあ、最後にオレが『どうする、じきさい』と言っただろう」

「ああ」

「オマエ、即座に雑煮にしようと言ったよな」

「仕方なかったもん。オレでなくても言っただろ、あの場面じゃ」

すると彼は真顔で、

「でも、オレ、あの時からずっと、オマエを尊敬してるんだ」

また驚愕、であった。

二　親しき仲にもポリティクス

別に募集しているわけではないのだが、私は自分と話をしてみたいと言う人とは、基本的に会うことにしている。ウイルス禍では中止していたが、それ以前には月に二、三回くらいは面談していた。

始めたと言うか、始まったのは永平寺の修行僧時代である。古参和尚になった頃から、「困ったときの直哉さん」などと言われて、「宇宙から地球滅亡の通信が来ました……」と夜中の二時に電話してくる若者とか、「ヒマラヤ山中で修行した結果、命の水を作る霊力を身につけたので、この寺の住職に差し上げたい」と叫んで、受付に坐りこむ白装束の赤ハチマキ男などの相手をしていた。

そのうち、「普通の」人とも話をすることになったのだが、それはそれで簡単ではなかった。

境内を流れる水深三十センチの永平寺川に「飛び込んで」、自殺しようとしたズブ濡れ男と、午後の五時から翌朝の五時まで話をしたこともある。

ある時には、「この話は君に聞いてもらったほうがいいだろう」と、役付きの老師に頼まれて出て行ったら、妙齢の慎み深そうな女性がいた。

大人が両手で持つくらいの段ボール箱を持っていて、別室に連れて行って開けてみたら、般若心経《はんにゃしんぎょう》の写経がびっしり詰まっている。

「こんなに……、すごいですね」

と言うと、彼女は涙ぐんだ。

「夫が浮気ばかりするんです……。なんとか止めてくれるように、仏様にお願いしたくて……」

当時三十になるかならないかの修行僧に回すような話か！

その後も、「困ったときの直哉さん」の出番はなくならない。で、私は永平寺を出るときに決めた。

師匠がいつか言っていた。

「坊さんなんだから、一文の得にもならないが、他人の役に立つことを一つくらいやるんだな」

よし、自分は「困ったときの直哉さん」をこれからも続けよう。

＊

というわけで、かれこれ三十年近く様々な人の話を聞いてきたが、その間につくづくと思ったのは、人が死にたくなるほど苦しくなるとすれば、それは人間関係がこじれた時だ、ということである。

病気や貧困なども自死を招きかねない重大な要因だろうが、それが直接の原因と言うより、病と貧しさをめぐる人間関係の葛藤や断絶、そこから生じる当事者の孤立のほうが、ずっと深刻なのだ。

その人間関係も様々だが、中でもここ最近特に問題だと思うのが、「家族」である。「家族が一番大切」と言う人は多いし、「家族の絆が頼り」と言うのも、もっともだと思う。

しかし、だからこそ、そこにバグが起こるとダメージも大きい。とりわけ、幼い頃から親子関係に歪みがあると、子供にその影響は甚大で、生涯に及ぶ場合がある。

今の家族は少人数で完結している。つまり、親子三、四人くらいの人数で、隣近所との付き合いも薄い。もちろん、家族以外のしがらみからも自由だし、家の中の関係は濃密になるから、そのほうが居心地の良い面も、多々あるだろう。

だが、その中にいったん不具合が起こると、人間関係が小さいが故に逃げ場所が無く、深刻化しやすい。昔のように、家族が「ムラ」「向こう三軒両隣」のような共同体の中に包摂されていれば、「しがらみ」はあれども、それは同時に「お互いさま」の関係であり、家族の危機に「おせっかい」と称される適当な介入があったりして、案外「丸く収まる」こともあった。つまり、家族が自己完結し過ぎず、そこそこ開かれていたので、決定的な行き詰まりを回避する余地があったのである。

しかし、今や時代は違うのだ。家族は内圧が高まり、しかも脆くなった。

家族の問題について話を聞いているとき、難しいなと思うのは、「愛情」とか「思いやり」とか、感情に引っ張られた語りになりがちなことである。

＊

以前、ある中年女性と面会した。夫と離婚したいと言うのである。ところが、その理由が夫の暴力とか浮気などではなく、なんと自分自身の浮気なのである。

「何度もしてしまいました……。やめられないんです」

「で、相手から離婚を言い渡されたと」

「いいえ、夫はその度に赦してくれるんです」

わけがわからない。

「え？　じゃ、なぜ離婚するんですか？」

「赦されるのが申し訳なさ過ぎて。夫の優しさが苦しいんです」

どう考えても言っていることがおかしい。私はさらに三時間近くかけて話を聞いた。すると、事は根深かったのである。

彼女は、極めて厳格で問答無用に家族を支配する父親の下で育った。しかも、彼女はその父親を「立派な人です」と、小さい頃から尊敬してきたと言うのである。

実際に、厳格な支配、つまり「親の言いつけを守るなら」、手厚い保護があったそうである。

彼女が高校の卒業を迎えるとき、自分は進学したかったのだが、「お前のことは自分が一番よくわかっている」父親に、「手に職をつける」ように言われて、父親の知人の美容院に就職させられた。

そこで見習いかたがた、美容学校に通って一人前になったそうだが、仕事にどうしても馴染めず、一度実家に逃げ帰ったそうである。

そのとき、父親は激怒して自ら娘を引き連れ、知人のところに詫びに出向き、今度無断で帰ってきたら親子の縁を切ると言い放ったそうである。

その後、彼女は万事諦めて、美容師として勤めるのだが、結婚でまた父親と衝突する。恋仲になった男性との結婚を告げたところ、まるでけんもほろろに却下されたのである。「そんなヤツと一緒になってうまくいくわけがない」と、相手にも会わずに話を一方的に打ち切ったというのだ。

その父親が結婚させようと考えていたのが、遠縁にあたる今の夫だったのである。

＊

ここまで聞いて、ようやくわかった。彼女は「立派な父」の圧倒的な支配に幼い頃から苦しめられ続けて、心中深く無意識的な憎悪があるのだ。結婚相手を否定されたことは、決定的なトラウマになっただろう。

だとすれば、父親にあてがわれた「優しく申し分のない夫」も、父親の支配の象徴以外の何ものでもない。繰り返される浮気は、彼女の父親への必死の反抗であり自己主張なのだ。同時に満たされなかった恋人への思いを代償する行為だったのだろう……ということを話してみたら、彼女は驚愕の表情で絶句し、次の瞬間、号泣した。

「私、父を恨んでいるんですか……」

「じゃないかと、思ったんです」

「私、どうしたら……」

「お父さん、ご存命ですか？」

「はい……」

「もう随分なお歳でしょう。昔のお父さんでもないはずです。難しいでしょうが、なんとか赦してあげられませんか？　離婚するより、御夫君にもう一度詫びて、優しく接することはできませんか？」

家族の間に流れる感情は、とても大切だと私も思う。

しかし、私が肝に銘じているのは、およそ大は国家から小は家族まで、人間関係のあるところ、必ず土台に力関係と利害関係があり、つまりはそこに、「ポリティクス〈政治行為〉」が働いているということである。

おそらく介護の現場にはそれが如実に現れるだろうし、コロナ禍で「自粛」中の家庭にも、見て取れるかもしれない。

家族の問題をあまりに感情に引き付けて解決しようとすると、おそらく問題が見えないまま行き詰まる。

大切だと思うのは、一度感情を棚上げにして、家族に働くポリティクスを直視し、どこに不具合があるか考えることである。

いわば、親しき仲にもポリティクスあり。

事は家族に限らない。感情を切り離して人間関係を見る作業は、一人ではなかなか難しい。

そのときは、あまり近すぎない、信用はできるが淡い付き合いの人に相談できれば、それがベストだろう。「かかりつけのお医者さん」ならぬ、「かかりつけのお坊さん」を見つけることを、私が勧めるゆえんである。まあ、坊さんでなくてもよいけれど。

三　「コミュ力」に必要な本当のこと

何度もあちこちで書いたり話したりしたことだが、私は人生最初の記憶が小児喘息《ぜんそく》の発作で、絶息状態になって目の前が真っ赤になるという、実に筋金入りの虚弱児である。

小学校の卒業式の日、最後のホームルームで、六年間の「皆勤賞」と「精勤賞」という、ろくでもない名前の表彰があったが、いつもつまらぬことを言っていた担任が、この時も

「では、一番休んだのは誰かと言うと……」

と笑いながら、

「南くんの280日です！（280までは確かだと思う）」

と発表して、クラスがどよめいたことを覚えている。私もびっくりした。六年のところを、ざっと五年で卒業したのである。

そういうわけで、背ばかり伸びたが、極端に痩せていて、体力がまるで無く、通信簿の体育は2の常連であった。とにかく一週間を無事に務めるのが容易でなく、まさにおっかなびっくり生きている感じであった。

ところが、小学校卒業前に出会った専門医が優秀で、私の喘息は完治した。その後、中学でも虫垂炎で開腹したり、胃弱のくせに不摂生で胃潰瘍《かいよう》になったりしたが、気がつくと病院と縁遠くなっていた。

「お前、最近病気しなくなったな」

父親に言われたのが高校の頃で、大学生と会社員の生活を上の空で生きていたら、結果的に何事も無かった。それどころか、ある時、会社の上司から突然、

「南くんは、丈夫だよね」

当時バブル経済のトバ口で、会社は例の「24時間戦えますか」状態であり、体を壊す者もいたのである。考えてみれば、虚弱な私が最初に脱落して当然だったのに、生れて初めて他人から「丈夫」と評されたのだ。衝撃であった。

＊

その元虚弱児童が、こんどはついに「鬼僧堂」とも言われた永平寺に入門した。母親は泣いて止め、父親が最後まで渋ったのは、結局は私が「体が弱い」からだった。ところが、入門して五年経った頃、ついに「南さんはタフですね」と、信じがたい言葉を聞くことになる。

入門したてで脚気《かっけ》になって二か月入院。その退院直後に、鐘を鳴らし忘れて全力疾走で御堂に向かったら、暗闇で見えなかった鴨居にカウンター気味に激突し、場外乱闘のプロレスラーよろしく額が割れて血まみれになり、また病院送りになった。

先輩の古参和尚たちが「もうアイツは戻って来ないだろう」と、出来の悪い新入りが片付いてよかったなと思っていたところに、頭を包帯でぐるぐる巻きにした私が再び現れた。

「ゾンビ」というのが、この時の私に付いた綽名《あだな》である。

古参和尚の間では、

「アレはなんだか薄気味悪いヤツだから、もう放っておこう」

ということになり、私は急に怒られなくなった。後日、先輩から聞いた話である。

「暗闇に立ってる包帯ぐるぐるは、怖い」

その後、「ゾンビ」は「ダース・ベイダー」にまで昇格したのだから、大したものである。

自身が古参になると、いつの間にか、それまで修行僧が誰もしなかった、あるいはしようとしなかった、したくなかった仕事が回ってくるようになった。

海外の修行僧や訪問者との付き合い、マスコミへの対応、修行僧間に生じた問題の解決、寺にいきなり来る「変な人」の相手等々。

いずれもストレスフルなことばかりで、修行道場の毎日の中で、簡単に処理できるものではない。私は日々、修行のルーティンと特殊な仕事の段取りを折り合わせるのに、かなり苦労していた。

そういう私の姿を見ていた後輩が、ある日ぽつりと、

「南さんて、タフなんですね」

「タフ」なんて言葉を我が身に聞くことになろうとは、まさに「お釈迦様でも……」と言うべきところである。

「タフ」も驚いたが、これまでに言われて最も魂消《たまげ》たのは、

「南さんって、〝コミュ力〟高いですよね」

という一言である。

人の相談事に応じるようになってから、ある若者と話をしていて言われたのだが、最初は何のことかわからず、「コミック力」と誤解して、面白いことを言う能力かと思っていた。それが「コミュニケーション能力」のことだとわかったときは、さらに何のことかと思った。今もわからない。

おそらくは、相手の気持ちを汲み、こちらの考えを伝える、意思疎通の能力のことなのだろうが、これを「能力」というところに、流行り言葉らしい安直さがある。

こんなことは能力の問題ではない。試行錯誤の繰り返し、端的に言えば度重なる失敗の経験が、それなりの意思疎通の仕方を教えるだけである。

「コミュ力」などと言い出すのは、意思疎通での失敗を過剰に怖れる連中か世代が、この困難を「能力」の問題に矮小化しているのだろう。くりかえすが、これは能力の問題ではない。失敗と反省の量の問題である（「自閉症スペクトラム」などとされるケースは、また別の話）。

＊

ただ、他人には私が「コミュ力が高い人」に見えるらしい。どうしてか？

そう考えてふと思いついたのが、私の「虚弱児童歴」である。

幼児時代から体力的に無理で、できないことの多かった私は、まず自分に「できること」と「できないこと」を峻別して、「できないことは仕方がない」と即断で諦める癖がついていた。

その上で、「できること」には手を抜かなかった。「できないこと」の方を相手に許容させるためである。

この時大事なのは、「なぜできないか」を、きちんと言葉で伝えることである。実際言うのも恥ずかしいことではあったが、私はその理由を伝えることを「できない」責任のように考えていて、これに関しては正直であった。

同時に、自分に「できること」を切り出して来るには、相手の言い分をなるべく正確に理解しなければならない。度重なる失敗を通じて、その理解に努めた結果、私はいつしか「饒舌な割に聞き上手」という、妙な「コミュ力人間」になった、ように思われる。

私に言わせれば、「コミュ力」など要らない。というより、そんなものは幻想である。必要なのは、「この人なら話してみよう」「この人の話なら聞いてみよう」と相手に思われるような、ある種の正直さである。意思疎通の土台には信頼がある。そのまた土台が正直さなのだ。

正直さは能力ではない。人間関係の失敗と、その失敗の反省の深さから生まれる態度である。

つまり、それは孤独から生まれる。孤独を知らない者は、正直にはなれない。

したがって、「友達」の多さは「コミュ力」とまるで関係がない。「友達」と呼ばれる者の九十パーセントはいなくて構わないからである。どうでもよい友達を増やしたところで、「コミュ力」も何もないだろう。

ということは、「友達」が少なくても何ら問題はないということである。

私は、友達らしい友達が誰もいないまま、今年六十六歳。いまや年季の入った「タフ」である。

四　「ま、いいか」の精神

世には超有名寺院とでも言うべき寺もあれば、ほとんど馴染みの檀家しか来ないような寺もある。前者が恐山で、後者は私が住職を務める寺のようなものである。

ところが昨今、インターネットの普及に伴って、超有名ではないが、意外に人が集まる、昔なら「知る人ぞ知る」と言われたような、「プチ有名寺院」が見られるようになった。私が面識のあった老師は、そのような寺院の住職を引退した、人柄通りの気楽な身の上になった人である。

引退したとは言え、筋金入りの修行を通した老師である。朝の坐禅とお勤めは一日も欠かさず、寺内外の清掃も自身ですることを信条としていて、現住職も顔負けの毎日だった。

寺はどちらかというと寒冷な地方にあったのだが、老師は厳冬期でさえ、坐禅を終えた途端に本堂の扉を開け放ち、日没まで参拝の人々が自由に拝観できるようにしていたそうで、この慣習は頑として変えさせなかった。

とある秋の日、住職も法事に出かけ、他の者も出払っていた夕方、書見に飽いた老師は、気分転換に坐禅をしようと本堂に出た。

正面やや左奥に設けられた単《たん》（坐禅用の台）の上で心身を整え、老師は一気に深い三《ざん》昧境《まいきょう》に入る。吹き込む初秋の風が坐禅する老師の衣を微かに揺らしたかもしれない。

と、そこへ、二十人ばかりの参拝の人たちがやってきた。

「ご自由に中に入り、ご参拝下さい」と大書された看板が、本堂の入り口にかかっている。そうかとばかり、一行は躊躇なく本堂に上がり込む。

有名な本尊にお参りする者、写真を撮り合う者、手洗いを使う者、それぞれに散った時、誰かが声を上げた。

「見て！　人そっくりの仏像がある!!」

「どこ、どこ?」

「これよ、これ！」

人が周囲に集まり始めた。

「やだあ、生きてるみたい」

「プラスティックかや？」

「ホント、よくできてる」

ついに誰かが老師の頭や顔を撫でまわし始めた。

「おい、柔らけえぞ」

と言った男の手の指が、いきなり老師の鼻の穴に入った。

「ファーック、ショオオンッ!!!」

集まった人々がどれほど驚いたかは、想像に難くない。

坐禅は、完全に決まってしまうと、人の気配が消えてしまう。まるで置物のようにしか見えない。私も一度、「息、してるんですか？」と訊かれたことがある。

当人は、寝ているわけではなく、気絶しているわけでもない。ちゃんと感覚はあるまで、刺激に反応しなくなるのである。

さすがに顔をつつかれたり、衣の中に手を入れられたりが始まってからは、老師も意識を通常に戻したそうだが、せっかくお参りに来た人たちを驚かすには忍びなく、鼻に指が入るまでは、「ま、いいか」と思っていたそうである。

*

永平寺で修行して十年ばかり経った頃、当時「何でも屋」状態だった私に電話が回ってきた。聞けば、視覚障碍のある学生さんの団体を案内してほしいと言うのである。

「実は全く見えない子も、かなりいるんです。そこでお願いですが、差し支えない範囲で結構ですので、なるべく手で物に触れさせていただきたいのですが……」

お寺参りが初めての生徒も何人かいて、永平寺に行くことをとても楽しみにしている……ここまで言われては、後に引けない。私は十年目の古参の威光をフル活用して、普段公開しないようなところまで案内し、これはと思うものに触れてもらう段取りをした。

やって来た一行は、触れるとわかって、こちらの想像以上に大喜びした。

丸柱に抱きつく者。大鍋のふちを触って、「でっかい！」と歓声を上げる者。大太鼓に触らせて、撥《ばち》で叩かせたりした。ある仏像にこっそり触らせた時には、弱視の生徒が、

「本当にいいんですか、罰《ばち》が当たりませんか」と手を伸ばせずにいたから、その手を握って仏像の頬に触れさせ、

「仏様は、あなた方が触ったくらいで罰を当てるような、ケチな方ではありません！」

「本当にありがとうございました。心から感謝いたします。生徒も大喜びで、今度の旅の中でも、最高の思い出になったでしょう」

引率の先生が、深々と頭を下げた。

「それはよかったです！」

私も生徒のウキウキした様子を見て、気分が晴々としていた。


「で、恐縮ですが最後に一つ、お願いが……」

小柄な先生が、いささか微妙な笑顔で私を見上げた。

「僕にできることなら、何でも」

ここまでの流れなら、私がこう言うのも無理もないだろう。すると、

「あのですね、最後にその頭を触らせてもらえませんか⁉」

「え⁉」

先生の後ろには、「仏さまはケチではない」説を聞いた生徒がいる。

「いいですよ、そんなこと」

こうですか？と、頭を低くしたら、

「すみません、もう少し低く……」

「このくらい……」と私が膝を折ったら、先生が急に大声を出した。

「みんな！　触っていいって!!」

私は、生徒が順番に軽く一撫でする程度のことだと思っていたのだ。

ところが！　いったい何本の腕と手の内に落ちたのかしれないが、さほど大きくはない私の頭は、無数としか思われないような手で、猛烈な勢いで「触られた」、などと甘いものではなく、「しごかれた」。

「みんな、ストーップ！　ありがとうございましたあ!!」

先生が止めた時には、私の毛のない頭はすでに過熱してヒリヒリしていた。

生徒たちは、これで仕上げができたとでもいうように、ニコニコ笑いながら意気揚々と引き揚げていった。

「直哉さん、すごいサービスでしたねえ」

たまたま後ろで見ていた後輩が大笑いしていた。

＊

それから何十年も経ってから、新聞を読んでいると、全盲の大学教授の記事が出ていた。その人が曰く、

「まだ高校生の頃、学校の旅行で永平寺に行きました。先生が頼んでくれて、私たちには色々なものに触らせてくれて、とても楽しかったです。そこで最後に、先生が案内してくれたお坊さんに、頭を触らせてほしいとお願いしたんです」

私はまざまざと思い出した。

「そのお坊さんは、すぐに身を低くして頭を出してくれました。僕たちは二度とないチャンスだと思って、我勝ちに手を突っ込むようにして、触りまくったんです」

そうだったねえ……。

「今でもよく覚えています。そのお坊さんは私たちに触られまくりながら、ニコニコしていました。修行をした人は違うんだな、あんなことされてもニコニコしているんだなと、みんなが感動しました」

全盲の彼は、私の頭ではなく顔に触れたのだろうか。その時笑っていた記憶はまった

くないし、修行の成果でもなかろうが、彼がそのような思い出にしていてくれたことは、私にはしみじみ嬉しかった。

老師の「ま、いいか」も、私の「いいですよ、そんなこと」も、意外に人の記憶に長く残る出来事だったのかもしれない。

「ま、いいか」「そんなこと」ですることは、人が人にできる、案外素敵なプレゼントになるかもしれない。

老師が亡くなった時には、どこの誰か定かではない人達から、お悔やみの手紙や葉書が長く続いたそうである。

五　お布施はこわい

修行僧になって最初の二年、私は全く永平寺の外に出なかった。

「お前みたいに我儘なヤツは、まずは僧堂でガンガン削られなきゃダメだ。三年と言いたいところだが、まず二年は一切外に出るな」

入門にあたって、師匠が言った指示を守ったのである。

何とか二年をもちこたえると、師匠から電話がかかってきた。

「これで、二年か。まあ、よし、一度帰って来い」

私は、ようやく師匠と永平寺に許可されて、二年ぶりに「シャバ」の空気を吸ったのである。

師匠の寺に戻って三日目、朝の掃除をしていると、師匠がやって来て唐突に言った。

「俺はこれから出かけるが、十一時に法事がある。代わりにお前が行け。檀家には話してある」

「えっ！　僕ですか⁉」

「他にいるか？」

「でも、修行して、まだ二年ですよ」

「じゃ、出かけるから、ちゃんと経本を見て読経しろよ」

「で、でも……」


師匠はもう聞いていなかった。

十一時前に迎えの車が来た。

「お迎えに来ました。お弟子さんに来ていただけるそうで……」

玄関に出てみると、丁重な言葉使いの七十代かと見える人は、紋付きの羽織袴を着けていた。後日聞くと、この時の施主家は、旅館を営む、かなり有力な檀家だったのである。私は通常、ほとんど緊張することのないタチなのだが、この時ばかりは、口の中が乾いた。

家に着くと、一家がほぼ総出で迎えてくれた。幼児以外は全員和服姿の合唱で、

「今日は何卒よろしくお願い致します」

迎えに来た主人に導かれて大きな仏間に行くと、五十人近くがすでに仏壇前に整列して坐っている。実は、これ以来今に至るまで、葬式ではない、個人の家の法事で、これほどの規模のものに出たことがない。

「あの住職の弟子って、どの程度のモンだ?」的な、百本（五十人×2）近い視線を背後から浴びつつ、私は必死の読経をした。それまで永平寺の法要係として、大掛かりな本山法要の経験は積んでいたものの、要は一兵卒の立場に過ぎない。

ところが、この日は五十人の主役で、かつデビュー戦である。しかも居並ぶ長老級の親戚縁者は、これまで様々な坊さんを見てきたに違いない。その肥えた「選僧眼」の前なのだ。

最後は息も絶え絶えに読経を終え、師匠に必ずしろと厳命された、挨拶を兼ねた短い法話をした。何を話したかは、全く覚えていない。

お勤めをすべて終えると、主人は正座して両手をつき、何食わぬ顔で（気圧《けお》されている者には、そう見えるのだ）、

「和尚さん、ご丁重な読経をいただき、誠にありがとうございました」

ヤクザ映画で見たような、堂々たる言上であった。

それから直ちに、かねて準備の御膳が運ばれてきて、忽《たちま》ちのうちに御斎《おとき》（法要後の宴席）になった。実は、ここからが問題だったのである。

「いやあ、ありがとうございました。緊張したでしょ。顔、青かったよ」

などと言いながら、始まりの挨拶を施主がした直後から、お参りの人たちが次から次へと、酒のお酌に来るのである。

「もう、今日、仕事ないでしょ。ほら、ぐっと、ぐっと」

「いや、僕、そんなに飲めないんで……」

これは本当である。私は完全な下戸ではないが、非常にアルコールに弱い。ビール一杯で顔が赤くなってしまう。

「な〜に言ってるの、あの住職の弟子が飲めないわけがない」

私はこの時初めて、容易ならざる事態に立ち至ったことを悟った。飲めないと言っても、誰も信じないのである。師匠は話していないのか!!

開始後十分も経たないうちに、私は明らかに危険な状態になった。避難しないとヤバい。

「すみません、ちょっとトイレに……」

話によると、自分で立って、歩いてトイレに行った、らしい。が、その後の記憶がまるで無い。

*

気がつくと日もすっかり暮れて、私は寺の座敷の蒲団の上だった。頭がグラグラして、体中が重い。

「しまった……!」

そう思っても、もう遅い。こうなるくらいなら、多少不興を買っても、断然酒は断るべきだった……と、先に立たない後悔をしていると、がらっと襖が開いた。

「お前、檀家が三人で運んで来たぞ」

師匠が笑いを噛み殺している。

「連中、えらく恐縮していてな。本当にすみません、でも、本当にそんなに飲ませてないんですって、『本当に』を繰り返して、何度も頭を下げていたぜ」

「すみません……」

「まあ、これで檀家にお前の酒のレベルは知れ渡るから、今後は大丈夫だな、あははは」

半分はアンタのせいだと内心思ったが、失態は失態である。恐縮していると、

「ほら、忘れてきたろ、コレ」

師匠は「御布施」と上書きされている熨斗《のし》袋を差し出した。

「え？　僕に？」

「檀家が一緒に持って来た。お前がお経を読んだんだろ、受け取れ。今日はこのまま休め」

師匠が襖を閉めた後、私はしばらく熨斗袋を眺めていた。

「御布施かあ……」

ふと正気になって、あらためて「御布施」の字を見て、私はそれを開けてみた。

「五万円！」

四十年近く前のことであるが、私は、この時の衝撃を今も鮮明に覚えている。

修行歴二年の、文字通りの若僧である。それが正味三十分の読経である。しかも途中で気絶したとは言え、いわゆる「アゴ、アシ」付きの「仕事」である。それで五万円！

その二年前まで月給十三、四万円で、私は働いていたのだ。それが三十分で五万円。私は恐怖に近い感情に襲われた。

「これは、危ない」

自分のしていることを、ただの「金儲け」、ただの「生業」と考えたら、確実に道を誤る。およそ世の中、危ない仕事以外で、三十分で五万円、払うだろうか。

私は今でも、御布施をいただく時、心のどこかに、薄《う》っすらと（もう、薄っすらになってしまったが）怖れとためらいがある。そして今思えば、師匠は私がそう思うようになるだろうと思い、いや、そう思わせようとして、わざと大きな法事に行かせたのではないか。

*

師匠はある日、私に言った。

「お前、坊さんなんだから、何でもいいから、一つくらいはタダでやれ」

当時、師匠は近所の子供たちにタダで書道を教えていた。私はその後、師匠の言うことだからと思い、希望する人との面談は、一切タダですることにした。

これまた、今にして思う。師匠は、坊さんとお金の関わりに無神経、無自覚になるなと、私に教えたかったのではないかと。

世上、宗教と金が一緒の話題になって、よいことはまず無い。そして、釈尊の昔、修行僧は金に触れることを禁じられていた。

それを思い、かれを思う時、私は自分の経験と師匠の教えをこれからも大切にしようと肝に銘じる、まさに「今日この頃」である。

六　我が良き友よ

彼と私は道場の同期入門で、六年間修行を共にした。眉目秀麗な偉丈夫で、口数は多くないものの、沈着冷静で判断力に富み、修行僧中の修行僧という風情があって、多くの同期から信頼されていた。

このような人物が、寺の次男に生まれるとどういうことになるかと言うと、寺に「娘しかいない」住職から、「婿養子」の要請が殺到するのである。

「世襲」が多数を占める伝統教団の場合、住職後継者は「長男」が第一候補になる（最近、「娘」が後継するケースが出始め、私は大変結構なことと考えている）。

この「長男第一候補」の風潮は、檀家の「常識」としても通用していて、「住職は男でないと」という保守強硬の意見も、未だ根強くあるのだ（ただし、ご多分に漏れず、少子化の波は教団にも容赦なく押し寄せ、後継人材を多様化しない限り、どの教団の将来も暗いだろう）。

　すると、寺の次男三男などと、「娘しかいない」寺との間には、潜在的に「需要と供給の一致」があるわけで、のみならず、往々にして男側の「超売り手市場」になったりする。

　となると、彼のような優秀な「次男」は、入門直後から、その類の「話」が引きも切らないのは、当然の成り行きである。

私「今、どのくらい話が来てるんだ？」
彼「うん？　両手両足くらいじゃないかな」

驚愕！

因みに、私も当時、行先の無い「フリー」な立場であった。にもかかわらず、「話」は全く無い。私は不思議だった。「片手」とはいかなくても、二、三あってもよさそうなものだ。

　その理由は後日知れた。私の「話」はすべて師匠のところに集まっており、私の性格を熟知していた師匠が、「とても大人しく収まっているわけがない」と、片っ端から断っていたのだ。

それでも「話」が持ち込まれると、師匠はあろうことか、「アンタ、オレの弟子なんか寺に入れたら、たちまち食われちまうよ」と言って、先方の住職を脅したというのである。これを境に、「話」は完全に消滅したのだ。

では、彼の方はどうかというと、これが二年経っても三年経っても、一向に「話」が決まらなかった。周囲は皆、あっという間に大きな寺に決まって、早々に道場を出るだろうと思っていたのに、そうならないのだ。

四年目が過ぎた頃、私は思い切って訊いてみた。

「ねえ、露骨に訊いて悪いけど、なんで決まらないの？　オマエ、寺や女性を選り好みするようには見えないけど。してるの？」

「毎度のことだが、よく言うな、そんなこと。してないよ、選り好みなんて。出来る立場でもないし」

「相手の女性との相性？」

「いや、むしろ住職との相性」

「どういうこと？」

「まあ、正直言うと、『見合い』みたいなことをしてさあ、お互い『イイナ』という感じに何度かなったわけ」

「そりゃそうだろうな、あれだけの数だもん」

「ところが、住職が断ってくるんだ」

「失礼なことでもしたのか？」

「オマエ、それこそ失礼だぞ！　そんなことするわけないだろ。ただ訊かれるままに、正直なことを話したまでだ」

「それが、どうして断られることになるんだ？」

「仲に入った人の話だと、住職が『ああいう立派な人は、ウチでは無理』、と言うらしいんだな」

　つまり、彼がごく普通に、仏教について、寺の将来について、自分の考えを語ると、先方の住職が勝手にビビる、というわけである。なんだ、ちょっと展開は違うが、事の本筋はオレと同じか。

＊

彼とは、最初から仲が良かったわけではない。配属された部署も違い、一年目などは、顔を見ることもまれであった。ところが、四年も経つと、同期の仲間のほとんどが道場を去り、「まだ行先の無い二人」という微妙な立場が、我々を親しく近づけたのだ。ただ、「境遇」ばかりが我々の仲を取り持ったわけではない。しばしば極端なことを口走ったり、過激な行動に出る私を、冷静な彼は時々、絶妙なタイミングで諌《いさ》めてくれたのである。これがありがたかった。

それも、私の考えを全否定するのではなく、

「オマエ、それをしたいなら、そのやり方はダメだ」

と言い、代案を助言してくれたのである。こういうことが度重なって、私は彼を頼りにするようになったのだ。

こんなことがあった。

修行五年目の春、私は道場の生活に慣れ切って、一通りの修行を経験し尽くし、同じ

ように繰り返される毎日に、少々嫌気がさしてきていた。

ある夜、坐禅を終えて自室に戻る途中、私は彼に、独り言半分で言った。

「オレ、もう山を下りようかな」

「ふーん」

「どう思う?」

「いいんじゃないの。そうすれば」

「それなりに二人で五年いたのに、あっさりした言い方だな」

するとそれまで肩を並べて歩いていた彼が、ふいに立ち止まって、正面から私を見た。

「直哉、オレたちが一年目の時の○○老師を覚えているだろう」

「ああ」

「オレは一度、あの老師のところに独りで教えを請いに行ったことがある」

「えっ、一年目なのにか」

老師のところに独りで乗り込むなど、三年経った古参和尚でも容易なことではなかった。

「そうだ。今だから言うが、オレはここに入門する時、本当に坊さんになる気なんぞ無かったんだ。師匠にとりあえず修行してこいと言われ、何となく来たんだ」

「ホントなのか？」

「そうさ。で、ここに入ってみると、やはりそれなりの覚悟で来ているヤツも沢山いるし、考えてみれば、ここに入門したくても、事情があって出来なかった者もいるだろうと思ったんだ」

「うん」

「だったら、オレみたいな中途半端な気持ちの者は、ここにいるべきではないんじゃないかと思って、それを老師に相談に行ったのさ」

私は彼の初めての告白を黙って聞いていた。

「そしたらな、老師はオレの話を静かに聞いてから、たったひと言、言ったんだ。『君、その質問、三年ここで修行してから、もう一度訊きに来なさい』ってな」

「でも、あの老師、その翌年に退任したじゃないか」

「そう。だからオレも、随分無責任な爺さんだと思ったさ。でもな……」

「でも？」

「でも、オレは、あの老師の『三年経ってから』という言葉に、引っかかったんだ。何を言いたかったのか、ずっと考えた」

「なるほどな」

「そのうち、オレは思いついたんだ。修行するのに、予め決意や覚悟が必要とは限るまい。むしろ、修行しているうちに、決意や覚悟が出てくるかもしれない。老師はそれを言いたかったのではないか」

　私は、それこそ老師を見るように彼を見ていた。

「なあ、直哉。オレ、そう考えてから、毎年自分が入門した日になると、『じゃ、今年はこれが出来るようになろう』『今年は、これを目標に頑張ろう』と、自分で一年の課題を決めてやってきた。そして、今、ちょっとは自分も坊さんらしくなってきたと、思ってるんだ」

　私は一言も無かった。えらいヤツだなあ、と心底思った。「志」という言葉の正体を見た気がした。

＊

その翌年、彼は突然道場を出た。そして、大寺院の婿養子になるどころか、良寛さんの五合庵もかくやと思わんばかりの、小さな御堂が一つだけ残っている、後継の成り手が誰もいない寺の住職になった。

「今度はここで、一からやるさ」

すると、二年もしないうちに、そう多くない檀家が結束し、周囲に新しい信者が増えて、その寺は御堂を改築し、庫裏《くり》を新築して、たちまち面目を一新した。

そしていま、彼は、ある道場で若い修行僧を指導する「老師」である。

七　忘れる勇気——年齢を忘れよ。過去を忘れよ。自分を忘れよ

かなり前、バブルの残り火が燻《くす》ぶっていた頃、ある老僧と話していたら、

「いやあ、なんだな、男は定年になると、蕎麦打ちか出家がしたくなるらしいな」

いつもユーモアに満ちた口ぶりの人だったが、これには大爆笑したものである。

ある程度の年齢、五十歳、六十歳くらいを過ぎてから出家して僧侶になる人を、この業界では「晩年僧」と言ったりするが、これが意外と少なくない。私の修行した道場にも、五、六年に一度くらいの割合で中高年が入門してきた。

一番驚いたのは、中学の校長先生を定年退職して、いきなり上山してきた六十一歳である。九十近くまで頑張って住職を続けた師匠（父親）が急逝して、寺を継がなければならない立場になり、退職と同時にやってきたのだ。

得度《とくど》（僧侶になる儀式）は、若い頃に済ませていたので、なんとか簡単に修行をすま

すか、できればショートカットして住職になる方法が無いか、あちこちツテを探したらしいが、その様子をどこかで見ていた幼い孫が一言、

「じいちゃんは、ズルして和尚さんになるんか」

「じいちゃん」はこの一言に発奮して、乗り込んできたのである。

こういう時、道場は容赦しない。入れば年齢は関係ない。が、配慮はする。彼が彼なりに精一杯やっていれば、若い者に及ばぬところは、見て見ぬふりをするのである。

たとえば、朝の回廊掃除の時、修行僧は全員が一斉に長大な階段を駆け上がり、頂上から我勝ちに猛スピードで拭き降りる。

すると、還暦も越えれば、彼は若者集団に、陸上競技なら二周半くらいの遅れになる。ほとんど全員が拭き終わった頃、ゼーゼー息を切らしながら、よろめくようにして頂上にたどりつき、前に倒れるように両手を伸ばして、懸命に階段を二、三段拭き始める。

途端に、下からずっと見ていた古参和尚が、

「早くしろ！」

「はあい、いっ……（必死の声）」

「よーしっ！　そのまま降りてこいっ！」

彼はようやく登った階段を、手すりにつかまりながら、降りてくるのである。

こういう者ばかりではない。「一度修行がしたくて」、自衛隊の陸将を退官して入門したという猛者《もさ》もいた。これはすごかった。正確な年齢は聞かなかったが、六十歳近くだったと思う。

まず、掃除だろうが、山仕事だろうが、体力的にまったく若者集団に引けを取らなかった。それ以上に驚いたのは、修行態度である。孫のような歳の古参修行僧に指導されたり指示されたりすると、堂内に響き渡るような大声で、

「はいっ！」

敬礼せんばかりの迫力に、古参の方が押されて、次第に言葉が丁寧になっていった。

戦時中に軍隊経験のある老僧が、

「さすが将軍だなあ」

もちろん、得度したものの、修行に行く前、あるいは修行の最中に、あえなく挫折する者もいる。健康上の理由もあるが、精神的なものも大きい。

＊

いわゆる初期経典には、ブッダの言葉として、「晩年に出家した者」に具《そな》えることが難しい項目を列挙したものがある。

（1）機敏であること
（2）威儀を具えていること
（3）多くの教えを聞くこと
（4）教えを論ずること（説法者であること）
（5）律（僧団の生活規範）を身に付けること
（6）よく説くこと
（7）学んだことをしっかりと把握すること
（8）教えられたことを恭《うやうや》しく巧みに行うこと

（1）は、確かに歳と共に難しくなるだろうが、先述のとおり、道場では甘くは接しないが、配慮はする。ハナから修行が無理とは思わない。

（2）は、修行僧らしい、あるいは僧侶らしい立ち居振る舞いや、佇まいを意味する。これも、まあ数年修行経験を積むうち様になってくるもので、加齢は致命的障害にならないはずだ。

（3）、（4）、（6）については、必ずしも晩年僧の弱点にはならない。要は志を以て実践と勉学の研鑽を積むことが重要なのであって、この点、箸にも棒にもかからない若い修行僧も少なくない。

ただ、（7）が主に記憶力や理解力についての言及だとすると、加齢による減退がある場合には、それを補う工夫は要るだろう。が、「把握」ができないわけではないと思う。あくまで「難しい」というだけだ。

私が思うに、問題は（5）と（8）である。なぜなら、（5）と（8）はそれまでの思考や行動のパターンを大きく切り替えなければならないからだ。要するに在家から出家へと、生活スタイルを劇的に転換する必要があるのだ。

これは、過去に多くの経験を積み重ねてきた中高年には、そう簡単なことでない。生活習慣化した過去の経験、特に成功体験の記憶が、切り替えの障害になるのである。

孫のような年の「先輩」の指導・指示に無条件で服従することから始まり、およそ「娑婆《しゃば》」では不合理としか思えない修行の数々を、屈託なく即座にできる者は、そう多くはない。

私が入門した頃には、新到《しんとう》和尚（新人一年目）が集まる大部屋の正面に、茶色に変色した紙が貼ってあった。いわく、

「年齢を忘れよ。過去を忘れよ。自分を忘れよ」

けだし、出家に限らず、生きていると、この種の切り替えが必要になる場面が、一度や二度はあるだろう。その時、この「忘れる」勇気が要るのだ。

「考え方を切り替えろ」と、時として人は言う。しかし、考え方を本当に変えたいなら、生き方を変えるしかない。私はそう思う。

第三章　お坊さんらしく、ない。

一 「老師」はつらいよ

お坊さんに呼びかけるとき、どう言ったらいいのかというのは、一般の人には結構悩むところらしい。

「どう言えばいいんですか？　和尚さんでいいんですか？」

もちろんそれでよいのだが、いきなり見知らぬ僧侶に「和尚さん」と呼びかけてくる人は少ない。

呼ばれる方も当惑することは多い。私が住職する寺のある地域は、多宗派の檀家が多いところで、最初の頃ご近所から「御前《ごぜん》！」と呼ばれてびっくりした。寅さん映画じゃあるまいし。

「上人《しょうにん》さん」という呼称もあるが、禅宗では使わない。宗派共通で無難なのは「ご住職」という言い方だが、いささか堅い上に、住職でない僧侶には使えない。その点、

「和尚さん」はOKだ。

適当な呼び方がどうしても思いつかない人からは、「先生」と言われることが多い。学校嫌いだった上、両親はじめ身内に教員がゴロゴロいた私に、極めて聞き心地のよくない響きなのは仕方のないところである。

住職にしか使えないのが難であるにしても、私は「方丈さん」と呼ばれることが好きだ。「方丈」は主に禅寺の住職がいる書斎・居室を意味する。私の檀家はそう呼んでくれる。一番ほっとする。

あと、禅宗でよく使う敬称に「老師」がある。同じ禅宗でも、臨済宗系では「老師」の使い方は厳格で、それこそ高徳有力な指導者クラスにしか使わないようである。必ずしも年齢ばかりの話ではなくて、それにふさわしい力量があれば、比較的若い僧侶にも使われることがある。

そこへ行くと、我が曹洞宗は少し緩めである。ある程度の歳になると、みんな「老師」付けで呼ばれ出す。私も四十過ぎた辺りから若い者にそう呼ばれ始め、初めのうちは「この顔が老人に見えるか！」とキレていたが、さすがに齢六十を過ぎては、是非もない。考えてみれば、私も修行僧のころ「老師」を乱発していた。

我が宗で要注意なのが「禅師《ぜんじ》」なる言い方である。坐禅をする宗派の指導者だから「禅師」と呼ぶのは当たり前と思うかもしれないが、少なくとも私たちの場合、大本山の貫首《かんしゅ》（即ち最高指導者）か、貫首経験者にしか使えない。

以前、永平寺にいたころ、当時の有名人が参拝にきて、私が坐禅の指導をしたら、その後、当人のホームページだったかブログに、「南禅師に坐禅の指導をしていただいた」と書かれて、仰天したことがある。下手をすれば「不敬罪」になりかねない。大慌てで訂正を申し入れたことは言うまでもない。

それにしても、「地位が人を作る」と言うが、呼称もそういうところがある。それ相応の待遇に変わるのだ。

＊

私も「老師」と呼ばれるようになったころから、説教や講演で寺院に出向くと、出迎えに若い僧侶がいて、挨拶するなり「お荷物をこちらに！」などと元気よく手を出される。荷物も持てない歳でも体調でもないのだから、当然「結構です！」と固辞していたのだが、あるとき、修行僧仲間だった同輩から、こう言われた。

「直哉さんよ、これもこの若い衆の役目だぜ。仕事、取り上げるなよ」

言われて、あァそうか、と思った。自分も若い時にはそうだった。大きな法要などが計画されれば、係りの割り振りで、誰がどの「老師」の世話役になるのか決められる。その上での話だから、当日役目を役目としてこなせないと、調子が狂う。

ということをその時飲み込んで、最近は手を出されたら、素直に渡すようにしている。ただ、待遇の違いはそればかりではなく、通される部屋とか、わざわざ挨拶に来る人とかも、「一兵卒」時代とは違う。食べ物飲み物もそうだ。

ならば、「老師」の待遇にふさわしい振る舞いを求められているわけだろうし、こちらにはそれに応える責任もある……という流れで、次第に「呼称が人を作る」こともあるわけだ。

かくして、いつしか地位や敬称に遜色ない態度や行動ができるようになると、それを人は「板に付いてきた」と言うわけだろう。

実を言うと、私はこれがダメなのである。どんな立場にあっても、いかなる役割についても、どこかに違和感が残って、板に付かない。「老師」らしくならない。

以前、何かと私を贔屓《ひいき》にしてくれる老師が、

「南君も、もう少しそれらしい振る舞いが身に付けば、ずっと先にいけるのに」と言ってくれた。が、そこに居合わせた私の上司が、
「そうなったら、南君は南君じゃなくなるから、それは不幸だよ」
と即答した。それは私の実感でもあった。

＊

考えてみれば昔からだ。学生のときは学生らしくない、会社員のときは会社員らしくない。ついに坊さんになったら、それでも坊さんらしくない。

逆もある。出家した後、いろいろな人から言われた。君は新聞記者になればよかった、証券会社に向いている、暗に立候補を誘われたこともある。

つまり、私はどこにいても、何をしてもズレているのだろう。ただ、もう私はそれに馴れた。悲観するような歳でもなくなった。さらにいえば、このズレや違和感はあってもよいし、むしろ持っていたほうがよいのではないかと、最近は思う。

板に付いてしまったら、もう動けまい。違和感なく満足してしまえば、足腰は重くなるだろう。そう思うと、ズレの感覚は何かの可能性を予告するものかもしれない。

思えば、地位や敬称の意味や、それが要求する態度や振る舞いを規定するのは、安定した社会集団の秩序だろう。「社長」という役職の意味、「老師」などの尊称のランクを決めるのは、それを設定する集団における秩序体系である。

ならば、この集団が解体するなり、変化すれば、「板」が壊れて「付く」どころの話ではなくなる。すると、往々にして人は「浮足立つ」ことになり、不安に駆られて行動が拙劣になりかねない。

常にズレている人間は、要するにどこにいても「ここが居場所」という気がしない。どこであろうが「仮住まい」にしか思えない。いつも浮足立っているから、「落ち着いて」浮足立っている。

我田引水もよいところだが、この疫病の時代には、こういう生き方も悪くないのではないか。できること／できないこと、してよいこと／いけないことの境目が変転する昨今、案外柔軟に身を処せて、さほど動揺もしないのは、いままで一度も板に付くことが無かったからかもしれない。

*

昔中国で、高い木の枝の上で坐禅を続ける老師がいた。通りかかった人が見上げて、

「ずいぶん危ないところで坐禅してますなあ」と言うと、老師曰く、

「そうかな。自分には歩いているアンタのほうが、ずっと危なく見えるがね」

この老師は、木の上が平気になったから、下を歩いている人間の足取りの危うさが見えるのではないだろう。そうではなくて、木の上の危うさがつくづく身に染みているから、下を歩く人間の平気さ加減が恐ろしいのだ。

木の上に登る必要は毛頭ないが、道を歩くばかりか、板に付き過ぎて坐りこむのも、実は危ないのではないか。この先の我が身と人々の行く末を思うと、私は解消しない自分の「ズレ」を少々いとおしく感じる今日この頃である。

二　見かけは問題

師匠に正式に弟子入りする前、いわば「弟子見習い」のような期間がひと月ほどあった。

その初日、「替えの下着だけ持って来れば、あとは何も要らん」と言われて、小さなバッグ一つで寺に行ったら、通された小部屋に師匠がいて、

「ここに坐れ」

指されたところに正座すると、師匠はいきなり黒い布状の物を私の前に並べた。

「お前の左にあるのがお袈裟《けさ》と法衣《ほうえ》、右は作務衣《さむえ》と言って、労働着だ」

「はい」

「じゃ、立て。今すぐ作務衣に着替えて、今着ている服を外の焼却炉で全部焼いて来い」

「えっ⁉」

「これから先、お前は袈裟と法衣、作務衣以外、着てはいかん。これが唯一の弟子入りの条件だ」

不肖の弟子は、唯一の条件を二十年以上守り続けた。無論、師匠の言いつけを守ろうという気持ちもあったが、それ以上にこの「強制」が快適だったからである。

何を着るかで迷うことは永遠に無くなり、作務衣に至っては、これ以上着て楽な衣類は想像できない。ファッションに興味も関心もない身には、うってつけである。

袈裟は、インドで仏教が興って以来、僧侶の正式な衣服であり、最初期には、捨てられていたり、布施された布を縫い合わせて作って、これを素肌に纏っていたようである（後に下着状の物もつけるようになったらしい）。

それが中国など寒い地方に伝わると、袈裟の下にさらに衣服を纏うようになり、これが法衣である。

東アジアの僧侶の場合、この法衣を着て、その上に袈裟をつけるのが、正装になる。

我が宗派では、法要や坐禅、僧堂での正式の食事、大事な講義などでは、正装が必要だ。

袈裟には、首にかける略式のものがあり、これを「絡子《らくす》」と言う。正装するまでもない時には、これを用いる。

その他に、法衣を簡略化した「改良衣」という物もあるが、これはそう古くからあるものではない。短い読経をするとか、外出するときなど、これを着る。昔は法衣の裾を独特にまとめた姿で外出していた。最近でも厳格な師家《しけ》はそうする。

作務衣の「作務」は修行道場の労働のことで、文字どおり労働用である。昨今は「古来、禅僧が着る伝統の作務衣」などという売り文句で、盛大に市販されているが、「古来」と「伝統」は完全な誤解だ。私が調べた限り、現在のスタイルの作務衣は、昭和四十年代、永平寺に出入りしていた法衣店が作って売り出したのである。

あと、我々がよく使うのが長作務衣だ。昔は実際に作務で着ていたらしいが、現在では主に修行僧の外出着で、一見すると襟の無いトレンチコートのように見える。以前、永平寺の中を長作務衣で歩いていたら、修学旅行の中学生に指をさされて、

「あっ！　坊さんが特攻服着てる⁉」

＊

というわけで、出家得度以来二十年以上、師匠の言いつけを守って、私は袈裟・法

たことがある。

衣・作務衣・長作務衣以外着なかったのであるが、実は一度だけ、それを破ってしまったことがある。

本山での修行を終え、東京で有志の僧と修行する場を得たころ、私は結婚して一年くらいが過ぎていた。つまり、結婚直後から別居状態だったのだ。

立ち上げたその道場が軌道に乗ってきて、私は意気軒高な良い気分でいたので、「新婚別居」の異常さなどまるで気がつかなかったのだが、母親が心配した。

「余計なこと言うようだけど、新婚旅行はいかないの？」

「え？　旅行？」

「そうよ。要するに今、別居でしょ。それもいきなり。旅行もしないなんて、まずいと思わないの？」

「でも何にも言わないし」

「言われたときはお終《しま》いよ」

母親がこの種の苦言を呈するのは、極めて稀である。基本的にマザコンである私は、にわかに心配になり、アドバイスに従うことにした。そして、行先その他一切の手配を、妻に丁重にお願いしたのである。

まもなく、アマゾンの奥地かというような、聞いたこともない名前の島が、行先として通告されてきた。有名なリゾート地らしかった。

そして、出発三日前に、大きなスーツケースと小包が届いたのである。小包には手紙とサングラスが入っていて、手紙には、出発前日に泊まるホテルの名前と、スーツケースは開けないまま持ってくるようにという指示と、事前にサングラスをかけて眼を馴らしておくべきだという助言が、箇条書きにしてあった。

飛行機は成田からだったので、出発前日、私は東京から、当然の如く、と言うより何の疑念もなく、いつものように長作務衣を着て、その日初めて黒のサングラスをかけ、スーツケースを引きずりながら外に出た。

サングラスは間もなく馴れて、気にもならなくなったが、そうしたら今度は妙なことが気になりだした。

最初は単に大きなスーツケースを持って歩いているので、歩道を行く前後の人々が厚意で私を避《よ》けてくれていると思っていたのだが、それにしては、その避け方が必要以上に機敏なのである。私が歩いていると、なんだか前の方の人たちが、早々に両側に割れていくように見えるのだ。

私は何となく変だなと思って、ふと傍らのショーウインドーを見たら、そこにいたのは、ＳＦ映画の傑作、『マトリックス』の主人公であった。頭に毛がない分、さらに剣呑な姿になっている。

このとき、今後の展開に若干の不安が兆したが、その時はやりすごして、とにかくホテルに行って、一泊した。

ところが翌朝起きてみると、着てきた作務衣が無い。どうしたのだろうとウロウロ探していたら、妻がビニールパックを差し出した。

「今日からこれ着てちょうだい！」

見ると、ポロシャツだのジーパンだの、二十数年前に永遠に別れを告げたはずの服である。傍らには開けられたスーツケースがあり、そこには日付ごとにパックされた衣服が整然と詰められていた。

これで「スーツケースは開けないで持ってくること」の意味がわかった。中身を事前に知ったら、私が絶対に持って来ないと、彼女は見抜いていたのだ。

私は正直、「このヤロー！」と口に出かかったが、瞬間、あのショーウインドーに映ったマトリックスの主人公を思い出した。あれがあのまま、リゾート地に乗り込むとしたら、それはいささか問題かもしれぬ。彼女の懸念もわからんではない。それに何よりこの期に及んで彼女と揉めると、この先非常に苦しい状況に陥るだろう……。

私は文字どおり「非常時」に鑑み、二十年ぶりに「袈裟服」（修行僧の隠語。俗服のことである）を着ることにした。すると……裸でぬいぐるみに入ったようだった！　まるで服を着ている気がしない!!

私は生まれて初めての信じがたい違和感の中、ギクシャクギクシャクと音が出そうな覚束ない足取りで、ほとんど何もかも上の空のまま空港に向かった。そしてなんと、離陸して一時間もたたないうちに発熱したのである。

過去の感覚から推して、三十八、九度はあっただろう。私は目的地に着くまで、水を飲むだけで何もできず、強烈な違和感と高熱で朦朧としていたのである。

あくる朝、島のホテルで、私は本当に合掌して、妻を拝み倒した。

「たのむ！　作務衣、返してくれ！　これじゃ旅行どころではなくなるぞ」

妻もまさか生理的なレベルの激変が起こるとは想定していなかったようで、珍獣を見るような目つきで私を見つつ、作務衣を出してきた。

その作務衣の袖に腕を通したときのことは、今も忘れられない。昔の特撮ヒーローものの主題歌ではないが、「電流火花が体を走る」とはあのことである。指の先・足の先から感電したように生気と存在感が蘇ってきた。

以後、再び私は「娑婆服」と縁が切れた。師匠の出した「条件」はすでに「血肉化」していたわけである。

＊

前にも述べたが、駅の改札口で人と待ち合わせをしていたときに、ふいに力士のような大男の西洋人が、のっしのっしという迫力で、一直線に私のほうに近づいてきたことがある。

何事かと身構えて、不審の視線を相手の顔に向けると、彼は私の目の前に直立し、丁寧に一礼したかと思うと、驚くばかりに流暢な日本語で、

「いやァ、今どきそういう格好で歩いている人を見ることは滅多にない。お坊さんでしょ？　これからもがんばって下さい！」

言い終わると、彼はまた丁寧にお辞儀をして、きれいに回れ右をして雑踏に紛れ込んでいった。

日常が僧形の自分は、そういう格好をしていることを忘れている。そこに突然、他人から格好のことを指摘されると、今更ながらそうだった！　と自覚し直すことになる。私にはこのような自覚が存外大事なことのように思う。

我々は自分が何者であるかを、常に意識しているわけではない。自分が自分であることは当たり前だと思っている。

しかし、自分が自分であることは、そう単純な話ではない。実は他人の視線に依存して、初めて自分たりえている。身分証明書は他人が発行することを考えれば、すぐにわかるだろう。そこに我々の辛さと脆さがある。

僧侶という生き方も、自分の意志だけで貫くことは、至難であるし、できない。それは他者からそう認められることで支えられている。

普段忘れている自分の僧形を他人に依って気づかされることは、自分が自分であることさえ他者に依存せざるを得ない困難の露出でもある。そう思うと、袈裟は単なる僧侶のユニホームではなく、我々はそれを身に着けるたび、「お前はこれからも僧侶であり続けるつもりなのか」と、袈裟から問われているのだろう。

宗祖道元禅師が生涯にわたり袈裟の功徳を説き続けたゆえんである。

三　私の「諸行無常」

「『お坊さんらしく、ない。』なんてタイトルだから気楽にやってるんだろうが、もう5回も記事を出したんだから、そろそろ真面目に仏教のことを書いたらどうだ」

以前、本書のもとになった連載を読んで、こういうことを言ってきたのは古くからの知人である。

冗談ではない！　私は最初から真面目に仏教の話を書いている。タイトルは編集の人が付けたのであって、さすがにこれは何だかナァと、今でもちょっと思っている！

知人の言い分は常の如く笑いまじりの揶揄なのだが、私は同じようなことを過去に二度、真顔で言われたことがある。いずれも大学で講演したときである。

一通り話し終えて、「お疲れさまでした」と、接待役に先導されて奥に行くと、立派な応接間に通され、学長だか総長だか、そういう偉い人ともう一人、理事長を名乗る紳士が待っていた。

挨拶もそこそこに、二人は深々とソファに沈んで、大きい声で口々に、

「いやあ、大変結構なご講演でした！」

などと言った直後、二人ともまるで判で押したかの如く、

「大変すばらしいお話でしたが、そのお、仏教のお話はしなくてよろしいのですか？」

思うに、学校の先生とか坊さんとか、人前で話をすることが役目の人たちというのは、何を話すのか事前に決めて、それをテーマにしゃべることを習いとしているだろう。そのテーマも、長年自分が専門としてきた事柄がほとんどに違いない。

彼らは、アカデミックな学問なり、宗派の教義なり、すでに出来上がった体系を前提に研鑽しているわけだ。

ところが、私にはそういうものがない。素晴らしい教えを信仰していて、その素晴らしさを伝えたいとか、この学問が明らかにしている真理を広めたいなどというスタンスではない。

私には宿痾《しゅくあ》のごとく自分の中に巣くっている問題があり、敢えて言えばそれを扱うための道具が仏教なのだ。

「君は仏教で自分語りをした草分けだね」

私の著書を読んだ人から言われたこの一言が、おそらく正鵠《せいこく》を射ている。

先に書いたように、私は三歳のときにアレルギー性の小児喘息を発症し、専門医もいない当時、著しく悪化させてしまった。そのせいで、己れの記憶の最初から、絶息状態の言語道断の苦しさに、恒常的に襲われることになってしまった。

この経験が以後の自意識に深刻な影響を残したのは、実に致し方のないところで、学齢に達する前には、すでに生涯自分を拘束する問題は形になっていた。

*

死ぬとはどういうことか——。

これは死んだらどうなる、などと悠長な話ではない。当時から私にとっての死は、「先々の出来事」ではなく、「死んだ後」を考える余裕のある問題でもなかった。

私の「死」は絶息のすぐ次に来るはずの事態であり、それはいつ起こるのかもわからない脅威であった。

「死」は私の「先」にではなく、「中」にあった。「先」で待つものではなく、「中」で次第に育って、いつか破裂する爆弾のようなものだった。

そして、爆弾の正体は絶対にわからないことも、十歳の時、祖父の死体を見て悟った。他人の死は死体であって死ではない。自分の死以外は死ではない。その自分の死を経験する自分はいない。それでも、そうであっても、死とは何か、死の意味とは何か、考えずにはいられない。

この絶対に正体のわからない爆弾が自分の中にあるという感覚を持ってしまったら、今度はその「自分」の存在に確信を持てなくなるのは当然の成り行きである。

そもそも、喘息の発作で自意識がバラバラに崩壊するような感覚を味わっているのだから、理屈以前に、感覚として「自分」が脆い。その上、必ず起こる死という一大事の何たるかがわからず、それがわからないと今度は、なぜ死ぬように生まれてくるんだろうと、考えが反対に飛ぶ。その両方がわからないとなると、自分が自分であることは、到底当たり前の話ではなくなる。

幼児期には感覚としてあった不安が、思春期には理屈になって固まり、もうどうにもならんと切羽詰まったとき、私は「諸行無常」の語を見た。

中学の国語教科書にあった『平家物語』にこの言葉はあった。

「無常」――。

私の感覚と思考を丸ごと言い当てる言葉だった。あの不安と脅威。自意識が崩壊する、あらゆる存在が地滑りするような感覚。

私にとっては「鐘の声」だの「響きあり」だのという悠長な話ではなかった。桜が散る様を見て、「儚《はかな》いなあ」などと独りごちる暢気な感傷でもなかった。「儚い」と言うオマエが儚いと言っているのである。

「無常」は、この言葉を知った最初から、教養の言葉ではなく、自分の経験を直接語る言葉だった。となれば、「無常」について考えることが、教養に限定されるはずがない。よりリアルに、より身に引き付けて語るにはどうするかを考え続けることになる。

その後すぐに覚えた「無我」という言葉も同じである。これを「我儘を言うな」「我を張るな」などのような処世訓にして、他人に説教するようなことは、土台、私にはできなかった。「我」が常に同一でそれ自体として存在するもの（実体）を意味すると知ったとき、それは「自分がいる」という感覚に確信の持てない私自身のことにしか思えなかったのである。

幼児期の不安は、中学を出るころには、三歳の自分と今の自分が同じ自分であることを証明する術はないという理屈になっていた。死ぬのに死がわからず、生まれて来るのに理由がわからない。両端の意味が不明なのに中間に意味があるはずもない……というようなこじれたアイデアを、すべて「無我」のひと言に詰め込んだ。

「縁起《えんぎ》」というアイデアも、物事にはすべて原因がある、などという誰でも使う思考法でもないし、夫がいるから妻がいる、妻がいるから夫がいる、全ては繋がっているから、みんなお互い様で仲良くね、とでも言いたげな道徳噺でもない。

自分が自分である根拠は、自分以外にある。自分は自分でないものから生起する。自分は自分に成りたくて成ったのではない。自分にさせられたのだ。茶碗は茶碗であるべくしてそこにあるのではない。自分が茶を飲むとき、その物体は初めて茶碗になるのだ。それが、私にとっての「縁起」の意味であった。

＊

このような性向を有する坊さんが話をする時、どこかで聞いたような説教を素直にできるわけがない。しかし、している話は、仏教に出会えなかったら、他人が聞くだけの意味ある話には決してならなかった。おそらくこの際どさが、本人が大真面目に仏教の話をしているつもりなのに、他人にそう聞こえない所以《ゆえん》かもしれない。

私が話をすると、何度も言われることがもう一つある。

「落研出身でしょう?」

「落語、やってたんですか?」

ある人に招待されて、いつもの通り作務衣で(頭も剃りたて)寿司屋に行き、楽しく歓談していたら、カウンターの「大将」から、

「え? ソチラ、坊さん? 落語家じゃないの?」と言われたこともある。

父親がその昔言った。

「他人の自慢話は誰も聞きたくないだろ? 苦労話は自慢話と同じだ。どうしてもしなければならない時は、笑い話にして言え」

坊さんらしくない話が多いのは、この教訓のせいも、あるかもしれない。

四　禅と宇宙

先般、『東洋経済』という経済誌から対談の依頼があった。

「誰と対談するんですか？」

するると編集者が、

「いや、まず南さんに受けていただいて……」

「はあ……」

「で、対談したい人、いますか？」

これまで、対談の仕事は何回かした。本になったものもいくつかある。その過去から正直に言うと、対談はなるべく分野の違う人の方が、当事者としては面白い。脳科学者、オリンピック選手、劇作家などは、特に自分が知らないことが多いジャンルなので、興味深かった。そこで、

「そうですねえ、なるべく異なる分野の人がいいですねえ」

「たとえば……」

「いや、いま特に思いつきませんが」

その後しばらく連絡が途絶えたので、この話は立ち消えかと思っていた頃、突然電話が来た。

「どうも、すみません。連絡が遅くなって。決まりました」

「ほう。誰です」

「宇宙飛行士です。どうです？　ジャンル、違うでしょ」

「⁉」

まったくの想定外。相手は、油井亀美也《ゆいきみや》さんという、JAXAの現役宇宙飛行士。二〇一五年、国際宇宙ステーションに百四十一日余り滞在したそうである。

「その人に私のことを話したでしょうね？」

「もちろんです」

「よく受けましたねえ……」

正直な気持ちであった。

対談はオンライン。これも私は未経験である。躊躇はしたが、予定の日は偶々東京にいる日で、寺にいるより通信環境は安心である。それに、ウイルス禍のご時世、ものは試しだと思って、この申し入れも了承した。

いよいよ当日、指示された通り、恐る恐るパソコンを接続すると、そこにＪＡＸＡの青い制服でバッチリ決めた、幕末の志士のごとき凜々しい姿が現れた。

こっちは自室という油断から、ただの作務衣である。シマッタと思ったがもう遅い。まあ、雑誌だし、胸から上の写真なら……と気を取り直しかけたら、編集者が言った。

「今日は、どうぞよろしくお願いします。この対談のテキストは当社のオンライン雑誌に掲載します。その後、動画版も公開させていただきます」

「ええっ！」

「あれ、南さん、そうお知らせしたはずですが……」

宇宙飛行士とオンラインで作務衣姿という、私としては前代未聞の対談が始まった。

油井さんは、形の良い眉が切れ上がり、口元涼やかで、まさに眉目秀麗、笑顔がとても魅力的である。話してみると、気さくな人というより、度量のある人、心に暖かな奥行きを感じる人だった。それには、彼の経歴が影響しているかもしれない。

油井さんは最初から一途に宇宙飛行士になろうとした人ではない。防衛大学校から自衛隊に入隊、戦闘機パイロットになる。そこから転身したのである。

「最初は医者になりたかったんですけどね」

つまり、紆余曲折や迷いもあっての、宇宙飛行士なのである。

大学も自衛隊も、もう辞めてしまおうかと思うこともあったが、節目節目で貴重な人との出会いがあり、思わぬチャンスが巡ってきたという。

道は違えど、私も七転八倒の出家である。

「思うんですけど、生き方を左右するような選択は、自分の力だけでできませんね。自分だけでできるなら、所詮、些事でしょう。そういう選択の時には、別の力が働く。それが自分に決心させるのだと思いますね」

私がそういうと、油井さんは

「それは、そうですねえ……」

過去を振り返るような表情だった。

＊

対談の詳細をここで書くわけにはいかないが、非常に面白かった話を二つ。

宇宙滞在での興味深い話をいくつか聞いて、私は今後の宇宙開発というか、人類の宇宙進出について、尋ねてみた。

「思うんですが、人間が大気圏外に出て行くなんてことは、魚類が水を出て上陸するに匹敵する、進化の歴史から言っても、大事件ですよね」

「そうだと思いますねえ」

そこで、私は言った。

もしそうだとすると、魚類は自らの身体を陸上の環境に適応するように変化させて、水中から離脱したが、人類の宇宙進出が、探索や研究の段階から、他の天体への居住や開発ということになれば、魚類とは逆に、環境に合わせて自分を変えるのではなく、環境を改造しようとするだろう。

「それはもう、具体的な計画としてありますからね」

「そうでしょう。しかし、たとえば地球上の環境を再現したドームの中に住むとすれば、活動は制約されますよね」

「そうなりますね。空気ありませんから」

もしそうだとすると、この制約を克服するために、いつか人類は魚類と同じ挙に出るかもしれない。つまり、環境に合わせて、自分の身体を改造する。しかもその改造は、生物としての進化ではなく、物理的・技術的な改造、すなわち、徹底的な人間のサイボーグ化である。

「それ、私も思いました」

「えっ！　あなたも！」

「たとえば、極端なところ、脳の電気信号を丸ごと電子チップに移して、意識をコピーした状態で宇宙に出るとか」

「それ、いつ考えたんです？　訓練中ですか？」

「いや、ステーションにいるときです」

仰天してしまった。私はこれを永平寺時代、人間の欲望について考えている時に思いついたのである。同じことを、彼は宇宙で考えたという。

「ビックリしました」

「ステーションってね、確かに忙しいけど、できることは限られるんですね。仕事も生活も。すると、馴れるにつれて、結構時間ができるんですよ。すると、あれこれ考えるようになる。いろんな発想が湧くんです」

これには思い当たるフシがある。修行道場も同じだ。行住坐臥《ぎょうじゅうざが》、衣食住、規則ずくめ、制約だらけである。ただその制約は、身についてしまえば気にならない。それどころか、ラクになる。すると、精神はより自由に動き出す。

「ものを考えるとか、様々な発想ができるとか、精神的な自由は、むしろ生活や行動に制約がある時に、手に入るのかもしれませんね」

私が言うと、油井さんは、

「それは深いなあ」

もう一つ。私が言った。

「いま、コロナ禍で世界中大変ですよね。それで日本でも『不要不急』なことは自粛せよ、と言われるじゃないですか」

「そうですね」

「するとね、私がしている坐禅なんて不要不急の代表みたいなものです」

油井さんは微笑した。次の私の言い分を予想したようだった。

「でね、失礼ながら、油井さんのお仕事も、この状況だと、同じように思われやすいところがありますよね。いま宇宙に人材とお金と時間を費やしているばあいか、と。そういう声にどう対応しますか」

それまで対談を楽しんでくれているように見えた彼の顔は、見る間に引き締まって、JAXA宇宙飛行士のサムライに戻った。

「そういうご意見があるのは当然だと思います。しかし、私は人間の脳に秘められた力を、人間の可能性を信じています。宇宙への挑戦はその可能性と未来を切り開いていくことです。私は、そこに意義があると思いたいです」

油井さんは、これから先、未来への人類の意志に賭けていた。

「なるほど、そうか。すると、私とはベクトルが逆だな。私に言わせれば、仏教は不要不急から始まります」

「要」や「急」などは所詮、人間の都合で決まるにすぎない。

「そして、人間もそもそも不要不急の存在です。だれも目的や理由を知って生まれてこない。それは即ち、要も急も無いということです。私は、その不要不急の土台から、改めて時代の要と急を見直すべきだと思うのです」

ここで編集者が割って入った。

「すみません、時間です」

「えっ、もう?」

言われた禅僧は、あまりに短時間にしか感じられず、本当に驚いた。

他方、画面のサムライは、再び柔和な笑顔に戻った。

「いやあ、このコラボ、いいですねえ」

コラボかあ。

五　住職の地獄耳

かれこれ三十年余、住職などしていると、忘れがたい人や出来事、言葉などがあるものだ。中でも、思わぬところで、思わぬ時に聞いた言葉は、インパクト絶大である。

「ぼく、なんでここにいるんですか？」

境内の落ち葉が「秋の風情」ですまない量になった夕暮れ、ついにやむを得ず、住職は竹箒を手に掃き掃除を始めた。

しばらく掃いていたら、膝の裏あたりに妙な気配がする。振り返ると、どこから入って来たのか、四、五歳の男の子が正しく直立している。

びっくりして身をかがめ、顔を覗き込むと、丸刈りで『スヌーピー』に登場する「チャーリー・ブラウン」に似た彼は、アーモンド形の眼から顔立ちに似合わぬ鋭い視線を発して、こう言った。

「あの、ぼく、なんでここにいるんですか？」

言うまでもないが、これは「お母さんが連れて来てくれたんでしょう」などという、阿呆なその場しのぎの答えが通用する代物ではない。彼は、自分がこの世に存在する意味を問うているのだ。私は、この種の問いも、それを言う子供も、絶対に舐めない。

そもそも、これを問うなら、その人物は私にとって「子供」ではない。「小さい大人」である。私には、このような問いを何度も舐めた答えで誤魔化されてきた、痛恨の記憶がある。こういう時、大抵の場合、答える方は問う方より、はるかに愚かである。子供を舐める愚かさに、ほとんどの「大人」と称する人物は気がつかない。

私は言った。

「あのねえ、ボクねえ、ボクの言ったことさあ、和尚さんも、ずうっと考えているんだけど、どうしてもわからないんだ。世界中で偉い人がずうっと考えてきたんだけど、わからないんだよ」

彼は両手に拳を固め、微動だにしない。

「だからさあ、ボクもこれから頑張って考えて、いつかわかったら、和尚さんに教えてよ」

一挙に体中の緊張がゆるみ、彼はいきなり後ろを振り向いた。その先の山門のところに母親らしい女性が、何だか申し訳なさそうに立っている。

手で招いて挨拶をすると、彼女は、

「突然、本当に申し訳ありません。この子、最近こういうことを、色々な人に何度も言うので、私も困ってしまって……」

で、近くの住職のところに、連れてきたわけである。

母親は何度も頭を下げながら、子供の手を引いた。

「ほら、和尚さんに、さようならしなさい」

「さようなら」

と言う彼の顔は、「やっぱりダメかあ」感丸出しであった。

すまん！　君の失望は和尚さんにもよくわかる!!　でも、嘘だけは言わなかったんだよ!!　それはわかって!!

＊

真冬の一歩手前という時節、吹きさらしのプラットフォームで電車を待っていたら、この寒風（和尚は寒がり）に膝上スカートの女子学生が三人（中か高か不明）、にぎやかに後ろにやって来た。

今も不思議だが、真冬並みの寒さになっても、学校は女子生徒に「ミニスカート」を義務付けているのであろうか？　その理由は何なのであろうか？　もし校則か何かで決まっているなら、止めたほうがよいのではないか。

その時も、いささか義憤めいたものにかられながら、私の頭は勝手に回り出した。

するとその時、ひときわ元気で張りのある声が、

「あのさあ、よくさあ、みんなさあ、やらないで後悔するより、やって後悔するほうがイイ、って言うじゃん。でもさァ、やらないで後悔するなら自分一人ですむけど、やって後悔したら、他人も巻き込むじゃん！」

これを聞いた別の二つの声が爆笑した。

「ヤダあ！　〇〇ったら!!」

「よく言うよっ!!」

同じく聞いた和尚も、頭で言いたいことが破裂した。

「よく言った！　すごいぞ!!　アンタはえらい!!」

私はこういう言葉を聞くと元気が出る。こういう言葉は、実感を伴わない限り、決して出てこない。おそらく、彼女は世間が漠然と受け容れて使っている流行り言葉に、経験からくる違和感があるのだ。それはほとんど身体的な実感なのだろう。

しかし、この実感を言葉にすることは、また別の話である。自らの実感を言葉にするには、それを可能にする視点と方法が要る。この視点と方法を生み出す土台が教養なのだ。大多数がなんとなくそうだろうと思っていることを、まるで違う観点から考えるには、大なり小なり「教養」が要る。彼女には確かにそれがあるのだ。書物の嵩《かさ》の問題ではない「教養」が。

間もなくやって来た電車に私は乗ったが、三人はお喋りを優先したのか、乗らなかった。話題はすでに「後悔」を離れたらしく、三人の口は楽し気に忙しなく動いていた。あっという間に視界から消えた三人の誰かが言った言葉を、私はしばし考え続けた。

実に面白いことを言う娘だ。ただ、どうしてあんなことを思ったんだろう。ただの皮肉なら大したセンスだが、何か過去に言葉通りの「やった後悔」があったのだろうか。もし、そうでないとすると……。

考えながら、私はいささか気になってきた。もし、言った本人が、皮肉でもなく「後悔」もないなら、今どきの中高生たちは、こんなことをすぐ口にできるほど、他人に気を使いながら生きているのだろうか。「やらない後悔より、やって後悔」などという気楽なセリフに、単純に「励まされ」ないようになっているのだろうか。そうではなくて、言った彼女は、例外的「教養」人なのか。

昨今の世の中を見渡すと、彼女は世代の例外ではなくなっているような気がする。もしそうなら、彼女たちをそうさせているのは、愚かで無教養な「大人」であろう。

＊

「ただの苦労話は自慢話と同じだ。聞いて面白いと思うヤツは誰もいない。頼まれない限り、するな。どうしてもしなければいけない時には、全部笑い話にしろ」

私の父親は教員であった。しかし、子供の私にはワケのわからないところがあった。よくクラスメートから、「家で勉強教われるんだろ、いいな」と言われたが、さにあらず。

小学校に入って間もなく、宿題がわからなくて「教えて」と、持って行ったら、

「家に帰ってまで仕事はせん！」

小学生に言うセリフか！

そういう人だから、勉強は一切教わらなかったが、数年に一度くらい驚くようなことを言い、その幾つかは頭に打ち込まれて忘れようがなくなった。この「苦労話は自慢話」には前がある。

「オマエな、他人が『オレはうまくいった、得をした、褒められた』というような話を聞かされて、面白いか？　そんなわけないだろ？　いいか、他人が聞いて面白い話は、オマエが失敗した、損をした、怒られた、酷い目にあったという話だ。だから、そういう経験を大事にしろ。ただし……」

と、この後、「ただの苦労話は……」が続いたのである。

今にして思う。「失敗した、損をした、怒られた、酷い目にあった」という経験を、嫌でもよく考えれば、必ずそこに教訓がある。人に話す価値のあることがある。

しかし、語るにはテクニックが要るのである。

私が失敗して落ち込んでいる時、

「まあしょうがないな。利口者は、他人から言われた時にわかる。人並みのヤツは、痛い目にあってわかる。馬鹿は、痛い目にあってもわからない。失敗してわかれば御の字だ」

　凡人の身に染み入る失敗の切なさは、まさに実感の最たるものだろう。その切なさを笑い話に変えるのは、これまた相応の教養である。けだし、「ぼく、なんでここにいるんですか」と問うことは、その教養の始まりなのかもしれない。

六　猫と草履の禅問答——「真理」への欲望

昔、中国に高名な師家（禅の指導者）がいた。その下には大勢の修行僧が集まり、東西に僧堂を構えるほどであった。

ある日、そこに可愛い猫が迷い込んで来た。東西の修行僧は、その猫を自分のところで飼おうと争って、大騒ぎになった。子供じみた所業だが、いつの時代にも実際、山奥の道場の修行僧には、そういう無邪気さがあるものである。

騒ぎに気付いた師家は、修行僧が猫を争う有様を見て、いきなりその猫の首を摑むと、自分の前に集まって来た彼らに向かって突き出し、

「何か言ってみろ。言えれば、この猫は斬らずにおく」

並みいる修行僧には一言もなかった。そこで師家はこの猫を一刀両断にした。

そこへ、外出していたもう一人の修行僧が帰って来た。師家は、事の次第を説明して、

「お前なら、何と言う？」

問われた修行僧は、すぐに草履を脱いで、頭に載せて出て行った。

それを見て、師家が言った。

「お前がいたなら、あの猫は救えたのに」

この話は禅宗ではとても有名な問答で、三島由紀夫の傑作『金閣寺』にも登場する。

古来その解釈も様々だが、私はこの猫を「真理」の喩えだと思う。

我々は「本当のこと」「絶対に正しいこと」「永遠に変わらぬこと」を求めて止まない。東西の修行僧の争いは猫を手に入れるまで終わらない。

では、仮に「真理」が手に入ったとして、それがどういうものか、正しく認識し説明できるか。師家の「何か言ってみろ」は、それを問うている。

「本当」でも「絶対」でも「永遠」でもあり得ない人間には、そういう「真理」が何であるか認識できないから、修行僧は黙る他はない。

ならばそんなものを争うのは無意味だろう。だから、師家はその争いの元を断ったのだ。

ところが、帰ってきた修行僧は師家の問いに奇矯な振る舞いで応じた。なぜか。

この修行僧は、それを争うも断つも、そもそも「真理」なるものを設定する考え方を放下《ほうげ》したのである。議論の土俵を降りたのだ。いわば、はぐらかしたのである。だから、答えは草履を頭に載せるのでも、逆立ちするのでも、放尿するのでも、何でもよい。それを師家はわかっているから、「お前がいたら」と言うのである。

因みに、道元禅師は、この問答について、師家の手並みは見事だが、猫を斬るようなことは、やらずにすむならそのほうがよいと述べている。さすがと言うべきである。

*

昨今の世上では、しばしば「分断」という言葉が語られる。それは多く、イデオロギーや信仰をめぐって起こる。

このとき、浮上している問題を、信仰やイデオロギーが主張する「真理」を振りかざし、是非善悪だけで論じようとすると、もはや「分断」で停止したまま、事は全く動かなくなる。

たとえば、ある国で近々に行われる選挙では、人工妊娠中絶が争点になっているらしい。「キリスト教右派」と呼ばれる人々は、それを「罪」だと言うだろうし、他方、「リベラル」とされる人々は「権利」だと主張する。「罪」と「権利」に分断してしまっては、もう妥協のしようもない。

ただ、思うに、望まぬ妊娠に対する中絶は、「罪」と言わないまでも、無いにこしたことはないだろう。また、生まれてくる子には、出自に責任がない以上、もし生みの親に育てられない事情があるなら、子の将来は社会的に保障されなければならない。問題の要所はここのはずである。

ならば、中絶の「罪」を言う者は、生まれてくる子の十分な養育を社会的に保障するシステムの構築に、全力を挙げるべきだろうし、「権利」を主張する人々は、その権利を使わなくてすむように、避妊を含む性教育の徹底を高らかに掲げ、その実現に尽くすべきではないか。これは信仰の問題でも、イデオロギーの問題でもなく、次世代に対する大人の責任の問題である。

特に思うのは、性教育の徹底である。

私は今まで何人かの若い女性に「水子供養」を頼まれたことがある。彼女らは大抵たった一人で来るのだ。一度だけ、訊いたことがある。

「なぜ相手の人は来ないの？」

すると、たちまち涙が流れた。

私はその後、二度とこの問いをしなかったが、私には今も「相手」に対して憤りがある。こういう「相手」に落ちぶれないためにこそ、遅くとも中学生から、性に関する情操と行為についての教育を堂々と、（特に「男」に）身に染みるほど叩き込むべきである。

信仰やイデオロギーが標榜する「真理」は、問題の正体を見えなくする。往々にして、是非善悪はバイアスにしかならない。それでも人は一度拘《こだわ》るとこのバイアスに固執し続ける。

なぜなら、バイアスをつくる信仰やイデオロギーが、無常で無我である我々の存在不安に、「根拠」を仮設するからである。人はそれを圧倒的な強度で欲望する。

この「根拠」への欲望を、私は理解するが、肯定しない。

＊

ある時、「宗教対話」と称して、神父が禅寺に来た。会議が終わると、当時三十を過ぎた頃だった私に、同年配の神父が話しかけて来た。最初は四方山話だったが、最後は言いたいことを言った。

「結局、仏教は神のような存在を認めないのですね」

「いいえ。単に必要がないんです」

彼は、絶句した。私は、神の存在を否定したのではない。

ある時、大きな修道院から訪れた女性の修道士に、坐禅を教えたことがある。彼女は言った。

「あなたの説明によると、坐禅は石になるのと変わらないのではないですか？」

「それではいけませんか？　石と人間と、何が違うのですか？」

「人間には心があります」

「石に心がないと、どうしてわかったのですか？」

彼女は笑い出した。私は石にも心があると言ったのではない。

私にも、頭に載せる草履があったのである。

七　育成の困難

私は昨年「前期高齢者」になった。すると、話をする同年輩の人は、大抵はどこかの会社の幹部クラスか、何らかの団体の役員級、いわゆる「上」の人たちが多くなる。

そういう人たちと話をしていると、一度は必ず出て来るのが、「今の若い連中を指導するのは難しい」「若い者は何を考えているのかわからない」という、「下」についての「育成問題」である。

これはおそらく、有史以来繰り返されてきた嘆きであって、何も今にはじまった話ではない。そもそも、一世代（約三十年）「下」の人間の感性や思考を理解できると思うほうが妄想である。しかも、自分の感性や思考を、赤の他人にそのまま移植できるわけがない。臓器移植だって拒絶反応があるのだ。

この種の「指導」や「理解」は考えるだけ無駄だが、これまで各種の「上」と「下」

の間柄を見て来て、奇妙に思うことがある。それは、ずば抜けて優秀な人物の部下や後継者に、さほど優れた者はいない、ということである。少なくとも、私の見る限り、そうなのだ。

まず、ある種の「優秀な人物」は、過剰なくらいの自信があるので、部下や後継者に、「自分のような人物」になることを求める。自分をモデルにしろ、と。

すると、いくら「下」が「モデル」のようになろうと思っても、所詮は他人なのだから、そうは成り切れない。したがって、結果的に「モデルの縮小コピー」しかできない。

もう一つ問題なのは、「優秀な人物」が自らを「モデル」として強要しても、「下」がハナから「とても無理」と諦めて、手っ取り早く万事「上」に頼ってしまうことである。その方がラクなのだ。

しかも、往々にして「優秀な人物」は、口で言うのとは反対に、「優秀な部下・後継者」を望んでいない。ナンバー2の存在が潜在的に「脅威」であることは、権力関係の常識である。

したがって「優秀な上」には、それを超えるほど「優秀な下」は出て来にくいのではないか、と私は思う。むしろ、「優秀な下」は、弱点や欠点のある「上」の「指導」から生まれやすい。

弱点や欠点のある「上」はバカでない限り、自分の弱点や欠点を自覚しているから、「下」の意見を聞く耳を持つことが多い。すると、自分の意見が通るのだから、「下」は「手ごたえ」を感じて張り切るだろう。

しかも「聞く耳」を持つ「上」は、基本的に好かれるから、「下」は「この人のために何とかしよう」と、損得を超えて頑張ることがある。

かくして「下」が頑張る時、弱点や欠点のある「上」から余計なプレッシャーはかからない。すると「下」には自ら工夫する大きな余地が出て来る。ここから「上」を超える「下」が大きく育つのである。

この時、「上」には弱点も欠点もあって構わないが、無くてはならないのが「度量」である。これが無い「上」から優秀な「下」は出ない。

では、「度量」とは何か。それは「下」に「任せる」能力である。部下に「やってみなはれ」と言い続けた大経営者がいたが、これだ。

「失敗してもよい。責任は自分が取る」と公言して、「下」に仕事をやらせてみる。「任せる」とはこのことであり、それができることが「度量」なのだ。

*

その「度量」のある「上」が「下」に接する時、大事だと思うのは、「下」のタイプを見分けることである。タイプの分け方は様々あろうが、私が気にかけているのは、「放し飼い」型か「リード」型か、ということである。

「放し飼い」型の「下」は、「上」が大きな囲いを設けて、その中で最初から自由にさせると、非常に喜んで働く。そして、囲いをちゃんと意識して動くから、「上」はなるべく囲いを大きくした方がよい。

また、「放し飼い」型は、自由にしてもらったことを「恩に着る」ことが多い。つまり、「放し飼い」の割に、「上」に忠実なのだ。「おれを信用してくれる『上』に恥をかかすわけにいかない」などと、殊勝に考えるのである。

「リード」型は、「上」の側近として働くことで、伸びるタイプである。これは、そもそも「上」と相性が良く、端的に言えば、最初から「上」が好きだったり、尊敬しているケースが多い。

この時、「上」はリードを長めにしたほうがよい。使いやすいからと言って、身近に置き過ぎるより、次第に自分の「名代」のように、外に出す方がよいように思う。

この「名代」が「虎の威を借る狐」になる危険を避けるには、事後に必ず「名代」としてした仕事の報告を受けることである。これを怠って「任せきり」にすると、自分も「下」も損ないかねない。

大体「下の責任をとる」からには、「下が何をした」のか知らないわけにはいくまい。ただし、報告を受けた後、結果が出るまでは、求められない限り、一切意見も言わないし、助言もしないほうがよい。およそタイプを問わず、「下」が仕事に成功したら、「上」は全面的に「下の手柄」を認める。自分を勘定に入れない。

失敗は、どんな失敗でも一度目は許す。同じ失敗を二度したら処分する。三度したら縁を切る、で良いのではないか。私は同じ失敗については、「仏の顔は二度まで」主義である。

ちなみに、私は特に「優秀な人物」ではないので、最初から弟子に大した者はいない。私にそう言われて気にする弟子ではない。それぞれ自分の好きなようにやっているからだ。それが「部下」でも「後継者」でもない、「私の弟子」の在り様であり、それで十分である。

第四章　よい宗教、わるい宗教

一　よい宗教、わるい宗教

かなり前のことだが、当時世間を驚愕させる大事件を起こした宗教団体、いわゆるカルト教団に、友人が入信してしまったという若い女性に会ったことがある。

「私がいけないんです、なのに私だけ無事で……」

会って話し始めた途端に、彼女は泣き出してしまった。

「私が入るはずだったんです……」

上京して大学に入り、最初にできた友人が入信したという。ものの好みも家庭環境も似ていて、彼女と出会い、東京でひとり暮らしをする不安がどれほど軽くなったかわからない。そう私に語った。

彼女は、小さいころからファンタジー系の書物が好きで、長じてからは思想・宗教、また流行り始めていたスピリチュアル的な言説にも興味があったという。

ある日たまたま、大学の周辺で、少し風変わりなヨガのグループが参加者を募集していた。

「すごく熱心な勧誘で、しかも言うことが理路整然としていて、なんだか説得力があったんです」

少し覗いてみようかと思った彼女は、それでも聊か気味が悪かったので、一緒に行こうと、その友人を誘ったのだ。そしてふたりで出かけたヨガ・グループの正体が、例のカルト教団だったのである。

ふたりは「初心者体験」的な指導を受け、魅力を感じるところもあったが、どことなく違和感をぬぐえず、参加者リストに連絡先を記入したものの、入会は保留して帰ってきた。

その直後、相談者の女性は留学が決まり、ほどなく渡航。すると友人がひとりで入信してしまったのである。

「そんなことになるとは夢にも思いませんでした。でも、本当でした」

「あの事件が起きる前にも、教団はマスコミで様々に報じられ、一時帰国したときに、私も目にすることがありました。そうしたら、教祖の取り巻きのような信者の一人として、彼女がテレビに映っていたんです！」

ここから事態は急速に悪化する。教団が関係したと見られる事件が次々と明るみに出るにつれ、友人の両親から、彼女とその両親に激しい怒りと非難が浴びせられるようになる。彼女の両親も入信のきっかけを作った娘を叱責する。彼女は日本に居場所がなくなり、再び外国に出た。それでも、しばらくは日本の公安関係者が、彼女をマークし続けたそうである。

「私がいけないんです。でも、どうしたらいいか、わかりません。なんとか脱会させたいけれど、あの後、一度だけ電話で話したきりです。声も別人のように冷たくて、セリフを話しているようでした」

「友だちは今も教団にいるの？」

「たぶん、そうだと思います」

「連絡はつかない？」

「電話もメールも返信ないし」

「でも、電話はかかるし、メールも送れる？」

「そうなんです」

人間は一度信じてしまうと、そこから脱するのは難しい。なぜなら、「信じた自分」を裏切れないからである。それは自分自身の支えを自分で折るに等しく、著しく困難なのである。ましてや組織的な「洗脳」があったのでは、そこから引き戻すことは個人の手に余るだろう。

「あのね、彼女を脱会させるには、よほどの覚悟と手間と時間と精神力、さらに多くの人の協力が無いと、ダメだと思うよ。ぼくも役に立たなくて申し訳ないが、まず君個人でできることじゃないよ」

彼女は手で顔を覆って泣くばかりだった。

「でもね、君が友だちを心配していることを、伝え続けることはできるかもしれない。友だちの信仰は自分には理解できないことを伝えた上で、彼女を批判したり責めたりしないで、ただ心配している気持ちを伝えるんだ。そして、どうしてもまた会いたいと」

「どうやってですか？」

「電話は一応つながり、メールも送信できる状態なら、留守電でも送信ばかりでもよいから、そこに気持ちを伝え続ける。返事がまるで無くても、たとえ無駄でも、彼女がいそうな施設を調べて、手紙を出し続ける。そしていつか、もしも彼女が大きなダメージを負って帰ってきたなら、その時は無条件で必ず手を差し伸べる。そう決心するんだ」

本当に何の役にも立たないアドバイスだったが、仕方がなかった。

「ありがとうございます。話を聞いていただいただけで、少し楽になりました。教わったことをやってみます。他の方法も少しずつ考えていきます」

＊

実は、これほど深刻な例ではないものの、私は過去にいくつか、家族が宗教にはまって困っているという相談を受けたことがある（こちらも宗教者なのに、どこが信用されているのかわからないが）。

こういう時、困惑する家族は、その宗教の間違いや異常なところを列挙して、入信した者を説得しようとするが、それは無駄である。組織的に洗脳されているのに、付け焼刃で持ち出す宗教的知識など、ものの数に入らない。

私の見るところ、カルト的な宗教に深入りするタイプは、多くの場合、精神的に孤立している。

ある時、「妻が宗教に引っかかって」、娘まで入信させようとする、仏壇を捨てようとする、と嘆く男性の相談を受けたが、これも結局、この男性が仕事一辺倒で家庭を顧みず、息子が反抗期で、事あるごとに母親を罵倒するという状態が、彼女を宗教に追いやったに違いないと思った。真の問題は彼女のこの孤立なのだ。

「奥さん、寂しかったんじゃないですかね」

「でも仏壇まで……」

「あなた、仏壇、拝んでるんですか？」

「え、いや、それは……」

「拝んでないなら、捨てられてもいいじゃないですか」

「……」

「あなたね、とりあえず、これからは毎日早く帰って、夕飯を奥さんやお子さんと食べなさいよ。そして、ぼくがこれから毎日拝むから、仏壇を捨てないでくれと、奥さんにお願いしなさいよ。あくまで『お願い』ですよ。そっちが先じゃないですかね」

この孤立につけ込むカルト的宗教には、いくつかの共通の特徴がある。

まず、入信した者が今まで付き合っていた人とのつながりを、遮断しようとする。教団関係者とだけ付き合うように仕向け、他の関係者を遠ざけるか、断たせようとする。

仏教の「出家」も似たところがあるので、初期には批判されたが、その後、両親の許可がない出家は認めないことに方向転換している。

また、修行中には、特に初期、外界との関係を遮断するが、これも期間限定である。基礎訓練には、そのような「余念を交えない」時間が必要なことも確かなのだ。

二番目に、およそ物事を「善／悪」と「敵／味方」に峻別し、教団が「善」と「味方」を独占しているように、信者に思わせる。

自分たちだけが絶対に正しいことを知っていて、同じ信者以外はすべて悪しき敵だというのだ。

しかし、人が言葉を用いて話をして、それを聞いた他人が内容を理解できることならば、そこに「絶対に正しい」ことなどあり得ない。それが「諸行無常」ということである。

三番目は、自由に脱会させない。実は、これがカルトとまともな宗教を分ける、最も大事なポイントである。

信仰は、当人の意志が尊重されて初めて成り立つ。意志を奪われた信仰は単なる思想の強制＝洗脳である。その尊重の原点が、信仰を捨てる自由を無条件で認めることである。

四番目は、異様な金集めをする。入信したからには全財産を吐き出せと迫り、さらに強引な集金を課するのだ。そして、この献金や金集めは「本人の意志」だと言い張る。すでに「本人の意志」は奪われ、教団による洗脳しか残っていないにもかかわらず。

お坊さんがお布施の額を聞かれて、今でも「お志で」とか「お気持ちで」と言うことが多いのは、お布施は「本人の意志」あってのものだと思っているからである。

＊

こう述べてくると、付き合ってもよい宗教者がどういう人か、少しわかってくるだろう。
一、質問を嫌がらない。自分だけ正しいと考える者は、質問を許さず、服従だけを求める。
二、自分はすべてわかっている、絶対的な真理を知っている、などと言わない。ちなみに、本当に「わかっている」人間は、「ここまではわかるが、ここから先はわからない」と明確に言う。
三、自分と自分の属する教団の自慢話をしない。大事なのは教えであり、人や団体ではないのだ。
四、金の話をすぐに持ち出さない。教えと人物がまともなら、いつの時代にも、布施をしたくなる人は出てくるものである。

昔、ある老僧に仕えていた時、訊いたことがある。

「老師、世の中の善悪は、立場によって変わりますが、仏教の善悪は、どこで分けるのですか?」

「難しいことを言う奴だなあ……」

と、渋い表情で老僧は言った。

「ワシにもよくわからんが、まあ、あることをやってみたら、これまでの人とのご縁が深くなり、強くなり、さらに広がって、新しいご縁もできてくるなら、それはやって善いことだと思うな。逆に何かしてみたら、それまでのご縁、親兄弟や友人知人のご縁が薄くなり、貧しくなって、次々と切れてしまうようなら、やめたほうがいいな」

ならば、「悪い信仰」の場合、気が付いたら、周りに同じ信仰の者しかいなくなるだろう。「善い信仰」なら、おそらくその信仰を持たない人さえ感動させるだろう。仏教徒の私がかのマザー・テレサを立派な人だと思うように。

二　「宗教2世」と「カルト2世」

二〇二二年に勃発して、現在に至っても大問題であり続けている案件と言えば、国外ならウクライナの戦争だろうし、国内なら元首相の銃殺に端を発して浮上した、某宗教団体にまつわることだろう。

この宗教団体の件では、他の大事件の時と同様、耳慣れぬ言葉が飛び交ったが、その中に「宗教2世」というものがある。私は、宗教にかかわる当事者として、この言葉には多少の屈託があるのだ。

いま世上で言われる「宗教2世」は、親の信仰によって、心と生活を支配され、著しい困難や窮乏に陥った子供たちのことである。

しかし、思うに、世の中には親子が信仰を分かち合い、穏やかに安心して暮らしている例も多々あるはずで、私もそういう「宗教2世」も「3世」も知っている。

となると、問題は、「宗教2世」を著しい困難に至らしめる、教団の教えと体制にあるはずだろう。敢えて言えば、「宗教2世」と言うより「カルト2世」が問題なのである。

もう一つ、「宗教2世」で思うのは、日本の伝統仏教の寺院住職の子供と、キリスト教の牧師の子供である。これもバリバリの「2世」であろう。

ただ、この「2世」が他の類型と違うのは、たとえば「カルト2世」と比較して、「被害者」ではなく、どちらかと言えば「受益者」に該当することである。この件で子供本人に何の責任もないが、「カルト2世」が「献金」を搾取される側だとすれば、「住職2世」は「御布施」で生活する側なのだ。

もう一つの違いは、昔は知らないが、私の知る限り、最近の住職や牧師が「後継」を子供に強制する例は非常に少ないことである。また、強制されても、必ずしも子供は従わない。最低限、「従わない」自由は確保されている。大体が、その気にならず、無理矢理やらされて、まともに務まる「仕事」ではない。

＊

とは言え、僧侶になってから、多くの「住職2世」と知り合って、私は彼ら「受益者」系の「2世」にも様々な困難があることがわかった。

まず幼少期の切なさである。彼らは、一家そろって旅行したことが無い、という者がほとんどだった。いつ葬儀が入るかわからないので、父母のどちらかは必ず寺に居なければならない。そもそも家族旅行をしたことが皆無という者も、決して少なくなかった。これは子供には辛いだろう。

あと、小さい時に友達から「親の仕事」とか「職業」を訊かれた時、どう答えたらよいのか困った、ということである。サラリーマンと違って、いつも「ウチ」にいる。色々としていることはあるが、意味がわからない。どう説明したらよいのか困惑して、他人から訊かれるのが、とても嫌だったと言う。

「仕事」について言えば、子供にも多少知恵がついて「寺」「住職」の意味がわかってくると、独特のイジメ方をされるらしい。学校に新しい服で行ったり、新品の文房具など持っていくと、

「オマエ、これ人が死んだから買えたんだろ」

「人が死ぬと嬉しいだろ」

これを「からかい」と言うには、子供には残酷すぎるだろう。

長じてからは、いよいよ「後継」問題が目前となる。

私の後輩に、非常に頭脳明晰で、あるスポーツに関してはプロを期待できるレベルの者がいた。私はあえて言ったものである。

「僕の立場で言うのもアレだが、君、寺なんか継がないで、別の道を行ったほうがイイよ。その方が、君のため、世の中のためだと思うよ」

私は何度か説得を試みたのだが、彼は頑として、

「それはできないです」

を繰り返した。

どうしても惜しいと思ったので、多少しつこく理由を訊くと、彼は言った。

「檀家さんを裏切れないです。小さい頃から、ボン、寺を頼むな、オレが死んだらその時は頼むな、と言われてきました。その人たちを裏切れないです」

私は彼の深い葛藤に無神経であった。

この「後継」問題は息子だけではない。「2世」後継がほぼ定番化している伝統教団では、住職の子供が女性だけだと、その娘は僧侶と結婚して「ムコ養子」を迎えることを期待される。これも今や強制されるわけではないが、その「期待」は少なからず「負担」となるのではないか。

＊

息子であれ娘であれ、「後継」を目前に覚悟を決めて、それを受け容れるなら結構だが、私は「2世」の後継に一つ言いたいことがある。彼らは寺院なり、住職を後継することに覚悟を決めることはあっても、「僧侶」になることに関しては、覚悟が甘いのだ。

一般家庭出身で僧侶になった私が、「2世」を見ると、まず目につくのは、僧侶になることについての自覚の曖昧さである。

考えてみれば、「2世」にとっては、後継は住職という「家業」を継ぐようなものであろう。だから、彼らの問題は、まず「住職になるのか、どうか」である。ここで覚悟を決めるのは、当たり前の話だ。

ただ、私が敢えて言いたいのは、住職となるために僧侶になるのでは、本末転倒だろうということである。僧侶になった結果、住職になることもある、と言うのが真っ当な話である。釈尊も道元禅師も住職になりたくて出家したわけではない。

住職は「職業」だが、僧侶は「生き方」である。ここを間違えてはいけない。「僧侶としてどう生きるか」ということを第一のテーマにできないのでは、この先、世間に支持される住職になれるはずがない。

私が住職になれて一番嬉しかったのは、書類の職業欄に「住職」と書けた時である。それまで、職業欄に「無職」と書いたら、「お坊さんですよね」と言われて、訂正を余儀なくされていた（実に屈辱的）。

同時に、私のような一般家庭出身の僧侶にも、往々にして大きな勘違いがある。いわゆる在家出身の彼らが僧侶になるということになれば、そのこと自体に覚悟がいる。それまでの自分の生活と経歴を一度切り捨てなければならない。これはそう簡単ではない決断である。しかも彼らのほとんどは僧侶になろうと思うのであって、最初から住職になろうと思うわけではない。

そうなのだが、この覚悟の決め方が方向を間違えることがある。彼らは実際に僧侶になる前に、膨大な仏教書を読むなど「予習」していたりして、頭の中に「自分の仏教」

が出来上がっているケースが多い。

するとヽ実際に僧侶になって道場で修行し始めると、

「こんなのは仏教じゃない」

「ここは道元禅師の教えと違う」

などと言い出して、下手をすると一週間もたずに、突然道場から飛び出して行ってしまうのである。たかが一週間で何がわかる！　言うなら二年たってから言え！（師匠の教え。第二章より）

結局は、僧侶になるのも、何かの教えに入信するのも、まずは本人の覚悟と意志の問題である。それが担保されないようでは、出家も洗礼も「洗脳」同然だ。

そしてもう一度強調したい。この覚悟と意志には、信仰を捨てる自由と決断が含まれる。信仰を捨てる自由を無条件で保障せず、その決断を妨害する教団は、間違いなく「カルト」である。

三　「自己カルト」だったのかもしれない

大学に入ってまもなく（GW明けくらいからだろう）、私は大学にほとんどいかなくなった。今を去ること四十年以上前の話である。

毎日のスケジュールは、忘れもしない。あれほど繰り返せば忘れようもない。十時過ぎに起きて、ロールパンかパンの耳を食べて、日替わりで道元禅師の『正法眼蔵』とハイデガーの『存在と時間』を、午後四時くらいまで読んでいた。

それから開店したての銭湯に行き、いつも必ず一番に来るヤカン頭の爺さん（少しでも水を足そうとすると「うめるんじゃねェ」と怒る）に気を遣いながら、湯舟の隅につかり、頭に上った血を下す。

入浴後は晩飯である。商店街にある和洋中の食べ物屋を順番に回りながら、メニューの上や右から、書いてあるとおりに注文した（何を食べるか考えるのが苦痛だったから。

自炊はまったくしなかった）。

アパートに帰ればおよそ午後六時。それからは、哲学・思想関係の書物を乱読しながら、明け方くらいまで止めどない妄想に沈み、それを時々メモに毛が生えた程度の文章にしていた。

外が明るくなる頃には、頭が痺れて来て思考が続かなくなり、合わせて夜中にハイになって書いた文章のロクでも無さに毎度失望して、敷きっぱなしの蒲団で寝た。

こういう日を繰り返していたのだから、今で言えば、ほぼ定義通りの「ひきこもり」だろう。ただ、本人としては、「しなければならないこと」、あるいは「せずにはいられないこと」をしていたら、結果的に「ひきこもり」的生活になっていた、ということである。

今般、思いもかけず明らかになったのは、この「大学不登校」生活が、親にバレていて、なおかつ、当時の近隣住民に怪しまれていた事実である。これにはビックリした。

それというのも、当時私は髪が伸びると、手持ちのハサミで適当に切っていて、これまた結果的に、いわゆるオカッパ頭のようになっていた（とても「マッシュルームカット」などと言えた代物ではない）。床屋に行く金と時間が惜しかったのである。

そのうち夏になって、とにかく暑いし、自分で切るのも面倒になったので、私は一念発起、床屋で頭をまるごと剃った。念を押すが、この時の「剃髪」は、ただの効率の問題に過ぎない。

ところが、その直後、まったく音信不通の息子を心配した母親に頼まれて、叔母がアパートに様子を見に来た。この叔母が、私の「頭髪事情」を曲解した。

「ナオちゃんがおかしくなった。頭を剃って裸で暮らしている！」

当時の東京も七、八月は猛暑だ。四畳半にはクーラーは無論、扇風機も無かったのだ。高い本の衝動買いをするのに、アルバイトが嫌いで、金が無かったからだ。暑さのピーク、昼下がりに窓を開け、上半身裸でいて何が悪い。全裸で外を徘徊していたわけではない！

報告を聞いた両親は、狼狽気味に急遽上京してきた。

「アンタ、一体なにやってるの⁉」

「大学には行ってる！」

私はこの「行ってる」を呪文のごとく繰り返し強弁して、両親の不審を撃退したのだが、実は撃退になっていなかった。彼らは階下の大家に「ご挨拶」と称して、聞き込みに行っていたのだ。

つい先ごろ、何気なく昔話をしていた時に明らかになったのが、この聞き込みである。

「大学にほとんど行ってないの、どうして知ってたの?」

「下の大家さんが言ってた。アナタのところの息子さん、ほとんど部屋から出て来ないって。いつも裸で窓際にいて、ご近所の人も、不思議がってるって。あれで本当に学生なのかって。あんた、完全に『怪しい人』扱いだったわよ」

しかし、あの時、この件で両親は私に何も言わなかった。

「どうして、言わなかったの?」

「お父さんが、何か言って拗《こじ》れるとマズい、言って拗れるより、言わなくて拗れる方が、オレ達もアイツもダメージは少ない、って」

結果的に拗れた息子に関して、時折彼が見せた、見事な判断の一例である。

＊

今思うに、当時の私は、たとえば「思想マニア」だったわけではない。

「マニア」ならば、興味のある物や情報の収集が楽しいだろう。「同好の士」もできるだろう。が、私はそうではなかった。「せずにいられない」ことをしている者に「楽しむ」余裕は無いし、あの作業に「仲間」は要らない。

では、「思想依存症」「思想中毒」だったのか。しかし、「依存症」や「中毒」は、その対象が普通、物品や具体的な行為をともなうものである。もし、「思想依存症」「思想中毒」が存在するなら、それはむしろ、「カルト」と呼ぶのに近いのではないか？

ただ、「カルト」なら、それは組織や集団の存在が前提である。

特定の指導者の教義やアイデアによって組織された集団が、個人を「信者」に仕立て、思いどおりコントロールする。「信者」はその指導者やアイデアに忠誠を尽くし、その代償として、自身の内部に巣くう「不安」や「恐怖」を、とりあえず棚上げする（しかし、それらが解消されることは決して無いし、解消させない。いつまでも金品や労力を搾取するためだ）。大まかに言えば、そういうことであろう。

私はあらゆる組織や集団と無縁だったから、もちろん「カルト信者」には該当しない。

ただ、考えたいことを考え続けているうちに、ほぼ完全に孤立して、他人からは「不審者」と目されていたことは事実である。

仮に当時、自分のこの状態を、他人から忠告されても批判されても、まったく受け付けなかったろう。本人は「しなければならない」「せずにいられない」「大事なこと」をしているつもりだったからである。だから、父親は「何か言って拗れるとマズい」という「好判断」を下したのだ。

すると、この状態は少しく「カルト的」と言えないか？

「カルト信者」は、同じ信者以外の人間関係がほぼ切れる。他人の忠告や批判には耳を貸さない。結局周囲から「怪しげな集団」と見られるだろう。

もし、集団とは無縁のまま、ある特定のアイデアを持つ個人が、他人に耳を貸さないまま孤立して、周りから「怪しい人」と思われても、自分は「おかしくも異常でもない」と思い込んでいたら、それは言わば「自己カルト」ではないだろうか。

私は当時「『正法眼蔵』に取り組んでいた」のだが、他人から見れば「『正法眼蔵』に囚われていた、依存していた、中毒していた」のかもしれない。その結果、親が懸念して上京し、ご近所に随分と怪しまれ、学生時代一人の友人もできないまま、最終的には出家した、となれば、軽度の「カルト」状態と言えなくもない。

＊

私は、昨今、この「自己カルト」的状態の人が増えているような気がして仕方がない。それがSNSの浸透と比例しているのではないかと思うのは、世間から言わせればかなり特異で、ほとんど異常なアイデアでも、SNSでのみ情報を集めれば、異論をすべて排除して、自分を支持する考えだけに閉じこもることは可能だからである。

この「カルト」状態は、それ自体は大して問題ではない。ただ、「自分は正しい」と思い込んでいる限り修正が利かず、周囲からの孤立が深まる傾向がある。それが問題だと、私は思うのだ。

他の「孤立」問題は、当事者が困っていたり苦しんでいたりするなら、他人が近づいて援助することもできるだろう。が、「正しい人」は困っていない。少なくとも困っている自覚がない。したがって、周囲の者は困惑するが、手の出しようがない。

「正しい人」の孤立がさらに深まると、周囲の態度は彼に対する困惑から敬遠、あるいは嫌悪に変わる。すると、それに応じて「正しい人」の孤立は、次第に周囲への「敵意」を生み出していく可能性がある。

最近世上で「孤独」問題が論じられたりするが、この「自己カルト」的な孤立問題も、今は広がりが小さいかもしれないが、深刻度は既に高いだろう。

そうならないためには、「自分が正しい」という信念を疑う習慣を持つことが大事である。が、それは個人にとって、「正しい」答えを出すよりはるかに難しい。

だから修行するんだと、仏教は言っていると、私は「我田引水」したいと思うが、これもカルトと言われてしまうかな。

四　「教祖」になれない

修行を始めて五、六年経った頃から、各地の寺院の大きな法要の役目を仰せ付かったり、時には説教を依頼されたり、ということが我が身に起こるようになった。

すると、仕事が済んだ後、世に言う「打ち上げ」のようなことがあり、住職や主催者、あるいは先輩などに、

「いやあ、ご苦労さん！　ここはひとつ、ゆっくりしてもらおう!!」

と連れ出されて、「慰労」のご馳走になったりする。

この「ご馳走」はまことに結構なのだが、多くの場合、事はこれで終わらず、引き続き「二次会」の流れとなる。で、その行先が、接待する女性のいる店だったりすると、これが時に問題になるのだ。

私は基本的に下戸だ。愉快な場所に行くのはよいのだが、下戸の自分が接待してくれ

る女性のいる場所に行くと、客のはずの私が妙に彼女らに気を使ってしまう。つい、

「夜遅くまで大変ですね」

などと、言わなくて良いことを口走って、自己嫌悪に陥ったり、会話が乏しくなると気になって、話のタネに過去の失敗談を大げさに披瀝《ひれき》したりして、どっぷり疲れてしまう。


その日も大がかりな法要を無事終えて、やれやれという時に、「ご馳走」の話になり、当然のごとく「二次会」になった。私は結構面倒な役目をこなして疲れていたので、早く宿にもどって寝たかったのだが、そういうわけには行かない。言われるままについて行った。


和やかに「ご馳走」が終わり、さて、となった時、私は気がついた。私以外、全員が平服なのだ。在家の人などは無論だが、お坊さんも気楽な平服に着替えている。私一人が作務衣なのだ。「二次会」の店に向かう道すがら、私はイヤな予感がした。

「いらっしゃーいっ！　○○さん、おひさしぶりーっ‼」

予約がしてあったのか、扉を開けた途端、高音が尻上がりに尾を引く声に出迎えられて、我々は奥まった一角のシートに案内された。

中にいた店員も客も、一斉に私を見ている（ような気がした）。自分は明らかに浮いている。

剃り上げた頭と作務衣姿ももちろんだが、「浮く」にはもう一つ理由がある。修行僧は身のこなしが世間の人となんとなく違うのだ。目つきと顔つきも、話し方さえ、どこか緊張が抜けきらない。

数人の女性が客の合間に坐り、オシボリなんぞを手渡し、飲み物の注文を聞く、お定まりの作業が終わって、座が少し落ち着いた時、先輩が、際立つ「浮き」を緩和しようとしたのか、ただのネタにしたかったのか、いきなり私を指差して、

「この人、偉い坊さんなの。山奥の寺で修行ばっかりしてて、もう何年も世間に出てないの。今日は久しぶりの息抜きだから、優しくしてあげて」

「えーっ、そうなんだあ！」

私の横にいた、露出度高目の衣装を身に付けた女の人が、身を乗り出しつつ首を大きく回転させて、真正面から私を見た。先輩！　余計なことをっ!!

反応の良さに煽られたのか、先輩は立て続けに、こいつは、「有名大学出て」「有名企業に就職して」「寺の息子でもないのに」「親を泣かせて」出家したんだと、私の経歴を

盛ってバラした。ますます余計なことをっ!!!

俄然、その女の人、敢えて言わせていただくと、その「女の子」（そう言うのが相応しい年ごろに見えたのだ）は、ただの営業に見えない興味を見せ始めた。

「ほんとなのー？」

「なんでー？」

「独身なのー？」

「女の子興味ないのー？」

「お坊さんだって、結婚するでしょー」

余計なお世話だ！と思っていたら、さらにもう一発、

「でもさあ、結局、なんでお坊さんになったの？　悪いことしたから？」

この「悪いこと」に、私は大人気なく反応してしまった。つい、詰まらぬ逆襲をしたのである。彼女をいきなり指差して、鋭く強く言った。

「あ、見える！」

これがいけなかった。

「キャーッ！」

「女の子」の時ならぬ絶叫。と同時に、フロアのあちこちの女性全員が立ち上がった。

「女の子」は、上から体を叩きつけるようにして、いきなり私の作務衣の襟を両手でつかんだ。

「ほんとに見えるの⁉」

私は想定外の展開に度肝を抜かれ、声も出せずにいると、彼女はそのまま私を引きずって、女子トイレに連れ込んだ。そして、

「私、子ども、三人おろしてるの。見える？」

彼女は涙ぐんで、そう言ったまま私を見つめ、返事を聞かずに、外へ出ていった。

とんでもないことをしてしまったと、大後悔をしながら私も出て行くと、店長と名乗る人物が近づいてきて、

「お客様、恐れ入りますが、お代は結構ですので、お引き取りいただけませんか」

店を後にしながら、私を連れて来た住職が、

「もうあの店には行けないなあ」

＊

私は、この時、坊さんのこの種の嘘は絶対にダメだと、心底身に染みた。そして、ゴータマ・ブッダの定めた戒律で、この種の嘘が教団追放の最重罪になることの意味が、ハッキリわかった。その戒律では、「神通力」、つまり超能力や霊感めいたものが、実際には無いのに有ると偽ることが、厳禁されているのである。

この嘘が他の嘘と次元が違うのは、嘘だと確かめようがないからである。ある人物が「見える」と言うのを、他人が嘘だと証明することは不可能である。嘘か本当かは、本人にしかわからない。つまり、バレようがないのだ。この嘘の罪深さはここにある。

実は私は今まで何度も、「やっちまおうかな」と思ったことがある。実際、私が「見える」と言い出したら、タダではすまない。

なにせ、舞台は恐山である。修行生活二十年も事実である。

そこに「インドの山奥で三年、神通力の修行をした」という作り話を混ぜ込んで（宗教が絡むと、十の内に二程度の本当を混ぜれば、後の八は全部嘘でも通用することがある）、大々的に「見える」話を展開したら、おそらく瞬く間に「教祖」になるであろう。ひょっとすると、莫大な蓄財もできるだろうし、政治の「黒幕」になれるかもしれない。

＊

では、なぜ私は「教祖」にならないか。まず、恥ずかしいからである。嘘とわかっているいることを人前で堂々と言って、それで褒められるのでは、バカ丸出しである。

もう一つ、自分の抱えている問題と関係ないからである。いくら「見え」ても、たとえば「死とは何か」も、「自分とは何か」も、全くわからない。

ということは、嘘が平気な人間は、「教祖」の素質があることになる。というよりも、ある種の人間には、自分の嘘を本当だと頭から信じられる能力があるのだろう。私にはこれがない。

私はもちろん、すべての「教祖」が嘘つきだと言っているのではない。中には「本物」もいるのかもしれない。

しかし、大事なのは「本物」か「偽物」かではない。そうではなくて、信者の側には、「教祖」の言い分が本当かどうか確かめようがないことの危うさを、「教祖」が自覚しているのかどうかである。この自覚が無いなら、そもそも宗教に関わってはならない。

人は一度何かを信じると、信じる自分を裏切れない。他人から、「それは嘘だ」と指摘されても、心の中で自分も嘘ではないかと疑っていても、「本当だ」と信じ続け、「教祖」を「敵」から守ろうとして、「本当である証拠」を探し回るようになる。

けだし、「神通力」「超能力」「霊感」を教えの看板にする人間を、丸呑みに信じるべきではない。少なくとも仏教の核心はそこにない。

仏教は、苦しみを一気に消去する教えではなく、苦しくても生きていけるようにする教えなのである。

私は先に「教祖」にならない理由を述べた。が、理由はもう一つある。それは、あの「女の子」の、涙ぐんだ顔である。あの顔ゆえに、私は「教祖」にならないのではなく、なれないのだ。

第五章　苦と死の正体

一　行き先の心配

我々には、どうしても知りたいけれど、他人に訊くのが憚《はばか》られる、あるいは恥ずかしいと思うことがあるものだ。自分に対する上司の評価とか、好きになった人の胸の内、大それた金額は無理として、小金が手に入る儲け話等々である。

そういった話のうちでも、私が横綱格だと思うのは、「死んだらどうなるのか」という一事である。

この問題をストレートに屈託なく持ち出せるのは子供だけである。彼らの大多数は自分の死など眼中にない。だから数ある世の不思議の一つとして、簡単に口に出すのである。

ただ、子供の極く少数は、この問題の根深さに引っかかる。もし引っかかった時には、ことは大ごとである。一生を左右しかねない。私がその実例であるように。

ところが、大人になってからその疑問は、持ち出しにくくなる。経験から言うと、「いい年をした」男は特にハードルが高い。

世間では医者と坊さんは死の専門家のごとく誤解されているきらいがあるが（医者は死ぬ前まで、坊さんは死んだ後に出てくるのが一般である）、私は「死んだらどうなるんですか？」と、子供以外にストレートに訊かれたことがない。

大人の場合は、まずどうでもよい世間話から始まる。そのうち身内、特に親が最近亡くなったと言い出す。そして、

「こうなると、次は私の番です（薄笑い）」

この後、もう一度話をどうでもよい横道にそらしてから、おもむろに、

「でも、和尚さん、結局、死んだらどうなるんでしょうかね？」

この手のことを訊かれて、いつも私がヘンだなと思うのは、「死んだらどうなるのか」と訊く以上は、どうなったか経験できる自分が、死後にもいると思っているのだろうな、ということである。つまり、訊く方に死ぬ気はないのだ。

＊

何度も書いたことだが、死は原理的かつ絶対的にわからない。死ぬときは、それを体験する人がいなくなるからである。とすれば、絶対わからないことの先の話など、なおのことわからないはずだ。

とはいえ、行き先不明の道行きに放り出されるのは、人情としてつらい。すると、意識は逆に、生まれる方に飛ぶ。「なぜ生まれてきたのだろう」、という疑問である。

これも絶対にわからない。生まれた後にどんな「理由」を訊かされようと、それは後知恵で、真偽を確かめようがない。真偽不明の説明は普通「理由」にならない。

すると、誕生と死という、始まりと終わりの理由も意味も不明なのだから、その真ん中にある、生きている自分の存在理由も、わかるわけはない。切ない話である。

この切なさに耐えきれないから、自分の「死後」を設定して、そこから「生きる目的」を構想したり、さらには「前世」を案出したりして、それによって「生まれてきた理由」を納得しようとする。詮無い話である。

「前世」系で聞かされた話で、「前世で、私はエジプト第三王朝の王女……」と言うから、そうなのかと思ったら、「……の侍女」と宣《のたも》う女性がいた。

普通の勤め人で、特に奇矯な振る舞いもないのだが、「侍女」なのである。「王女」と言わず、その「侍女」と言うところに、当時は謙譲の美徳とリアリティへの配慮を感じたものである。

私が「前世」系でいつも不思議に思うのは、これを言う人は、ほぼ例外なく、現在の自分より「前世の自分」の方が、ちょっと良い境遇なのである。男性なら、洋の東西を問わず、「武将」か、「武将の家臣」が多い。

しかし、いずれにしろ、「前世はバクテリアでした」と言う人は皆無である。百歩譲って哺乳類、「ネズミでした」と言う人にも会ったことがない。食物連鎖最上位クラス、トラでもいない。確率論的におかしくないか？

＊

「死後」系では、「終活」というのが面白い。

「終活」とは死ぬ前に行う自分の後始末のことで、これは「死」とも「死後」とも関係ない。要するに生きている間の作業だから、商売にもなるのである。

一度、是非一緒にと懇願されて、「終活フェア」という催しに行ったことがある。行ったら、結構な賑わいだった。おおよそは、そろそろ先の見えてきた年齢の、夫婦と思しきカップルである。

造花で飾られたゲートのすぐ右横に、「葬儀お見積もり」のコーナーがあって、「自分らしいお葬式」と大書されたノボリが立っている。そのとき自分はいないだろう！　だし、葬式は遺族がするものだ。遺族のことを思うなら、死ぬ当事者は余計なことを言わず考えず、サッといなくなるべきではないか。あとは遺族が好きなようにすればよいのだ。実際、どうされようと、当事者はもはや手も足も出ない。

一度、メニューがバッチリ決まった某人物の「お葬式プラン」というのを見せられたが、私が遺族なら迷惑以外の何ものでもない代物だった。昭和の「頑固おやじ」成れの果ての所業か。

あと遺産相続の相談とか遺影撮影などという、さもありなんという商売をしていたが、最も人が集まり盛況だったのは、なんと、「棺桶体験コーナー」というヤツである。数万から百万円以上という棺桶が五、六個並び、カップルが短いながら列をなしている。棺桶に入る順番待ちである。これだけで爆笑もので、私はこらえるのに必死だった。

中に入りたがるのは全員男で、仰向けに寝て、胸の上に手など組み（ほぼ全員そうしていた）、微妙な笑みを浮かべている。それを妻と見える女性が上からのぞき込んで、

「どう？」

すると、男が、

「うん、なかなか寝心地がいい……」

おい！　寝心地がわかったら大変だぞ!!　アンタは次、焼かれるんだぞ!!

かくして、自分らしい葬式にしろ、棺桶体験にしろ、だれも死ぬ気はないのだ。自分は居続けるのである。

*

結局のところ、「死後」「前世」の話は、今の自分には確かな存在根拠がないという不安に由来する。すると、問題はこの不安をどうするかということになる。

本来ならば、この種の話はファンタジーや娯楽として楽しむべきだろう（定期的に需要のあるテレビの「スピリチュアル」番組）。

にもかかわらず、「前世」「死後」の有る無しが、単なる興味を超えて、ついには真偽

や正邪のような価値判断と結び付き、しばしばイデオロギーのように硬直する。それは、根底において我々の不安に結びついていて、えてして抜き差しならない話になるからである。

この不安の手当てとして手っ取り早いのは、「前世」「死後」を設定する強力な物語に乗ることである。これを普通には、「宗教」と言う。

有能な外科医が今わの際で洗礼を受けたというエピソードを、何かで読んだことがあるが、いくら人体を腑分けしても死が見つからない以上、これも宜《むべ》なるかなである。

いわゆる「無神論者」の「前世も死後も無い」という断定も、経験不可能な事柄の断定という意味で、立派なイデオロギーだろう。

「人は死ねばゴミとなる」と言った人がいるが、理屈だけで言えば「人が死ねばカミになる」というのと、まったく変わらない。

もう一つの手当ては、自分の存在が不安なら、「不安」ではなく、「自分」を消してしまう技法を手に入れることである。

知人から聞いた忘れられない話がある。

彼の飼い猫は、最後にガンらしき病を患い、ついに危篤状態となる。数日前から一切食べ物を受けつけず、最期の日が迫るにつれ、水も飲まなくなったという。

ついに、口元と尻から血が流れ出したとき、その猫はやおら立ち上がり、どこにその力を残していたのかと思うほどに、血痕を残しながら、地面を踏みしめるように歩き出し、ゆっくり裏の雑木林に消えていったという。

「おれは追わなかったよ。そんなことができないほど、ある意味、神々しかったな」

猫には「自己」がない。だから、「前世」も「死」も「死後」もない。生きている間生きて、それで終わるだけである。

これを「神々しい」と言い、それにならいたければ、「自己」は捨てねばならない。その捨て方を教えているのが仏教だと言ったら、また例によって、「お前の偏見だ」と言われるだろう。

二　「親ガチャ」をゆるせないか

「親ガチャって、知ってるか?」と知人が言った。

「よく知らんがオモチャだろ」

確か、お金を入れて、ハンドルを回すとオモチャが出てくる遊びで、街のところどころで見かける。

「それはガチャガチャだ。それに親がつく」

「親って……、あ!」

「わかったか。金を入れてハンドルを回しても、何がでてくるかわからんように、親は選べないという意味さ。つまりは、お前が小難しい理屈で言ってることを、ガチャ一発で片づけるんだよ」

ショック!「自分であることの無根拠さ」とか「他者に課された自己」などと、長

らく考えに考えてきたことが、ガチャ一発⁉　つまりは、「諸行無常」「諸法無我」も「親ガチャ」か‼

「常」であるとは、「常に同じ」であることを意味する。それは要するに「常に同じ何かがある」ということになる。この「常に同じ何か」を「我」という。仏教のアイデアは、そのような「常」と「我」を否定するのだ。

これを自分自身に当てはめて言うなら、「自分が自分であることを保証する確かなものは何も無い」という話になる。そして、このことを突き詰めていくと露わになる、最も根源的な事実は、「自分がその人を親として生まれてきたことに、さらに言えば、そのような自分として生まれて来たことに、何の理由も根拠も無い」ということである。即ち、我々の存在の究極にあるのは、「親ガチャ」という無常なのだ。

＊

「草食系」「悟り世代」という言葉が出てきた時にも、実際「出家遁世」みたいだなァとは思ったが、それは個人の生き方の内で、選択肢の一つに過ぎないから、私は特に気にも留めなかった。

が、しかし、「親ガチャ」は違う。これは最早どうしようもない酷薄な現実のことである。その「酷薄な現実」が、「親ガチャ」などという「軽い」（六十五歳にはそう思える）言葉で言われてしまうことに、それこそ軽くない衝撃を受けるわけである。

このような言葉で言い表され、それがSNSで流通し、メディアにも扱われているとなると、「親ガチャ」が意味する切なさは、かなり広汎に、特に若い世代に共有されているわけだろう。それは社会的・経済的格差が露わになってきた昨今の状況から、なるほど宜なることかなと思う。

ただ、それにしても、これは単純に「親」、すなわち自分が生まれた家庭環境の「当たり外れ」だけの話なのだろうか。たとえば、恵まれた環境に生まれ育った者は、この「親ガチャ」という言葉には関心が無く、リアルに感じないのだろうか。あるいは、中高年には若者の戯言に過ぎないのだろうか。

必ずしもそうではないだろうと、私は思う。自分の意志でも責任でもない苦境に突然投げ込まれる。しかもその苦境が個人の力ではいかんともし難いという事態は、誰にでもあるし、あり得る。「親ガチャ」という言葉は、実はここまで響いてくる。それなら、まさに「無常」「無我」という仏教の教えに通底するだろう。

しかし、仏教にはもう一つ、重要な教えがある。「縁起」である。私たちは、他者との関係においてしか自分であり得ない。

私は思う。確かに親は選べない。ガチャそのものである。しかし、それが遊びとして成り立つのは、「外れ」を受け容れる前提があるからだ。ならば、あえて「ガチャ」と言うなら、選べなかった親を、と言うより選べない事実を、赦せないか。

恨んで当然の親と環境を、いつか、なんとか、赦すことはできないか。

おそらく、自立とは、大人になるということは、それが赦せた時から始まるのだ。

そして、自分でどうしようもない苦しさで身動きできないとき、人を頼る勇気が持てないか。

＊

我々は自分を自分で始めたのではない。そこに根拠も無い代わりに、責任も無いのだ。

私が縁起の教えに学んで痛切に思うのは、我々が問答無用、宿命的に他者と関係を結んでいる以上、すべての責任を背負う理由はなにもない、ということである。

自分でできることは、もう自分でやっている。それが大人のプライドというものだろう。

しかし、できる範囲を超えた時、「自己を課した他者」（「親」ばかりのことではない）に助けを求めるのは当然のことで、何ら恥じ入ることではない。そこに責任があるのは、他者なのだ。そして、立場が逆転し、自分が助けを求められたときに、何かできることをするのが、もう一つの大人のプライドというものだろう。

思いも寄らない苦境に陥った人々に対しても、「自己責任」や「自己決定」を言い募る、イイ歳をした大馬鹿者がいる。彼らの頭の中身は、昂進する自意識にのぼせた思春期の連中と変わらない。要するに、こちらは単に歳を重ねただけで、まだ「大人」になっていないのだ。

幼児は他人に頼ることしかできない。それが少し育つと、何でも自分でしたいと思うし、できると思う。この「できる」が挫折して、妥協の苦さを思い知る時から、「大人」が始まる。が、「妥協」を「迎合」に誤解していては、大人になれない。妥協の要諦は自分の限界を知ることである。限界を知り、その限界から他者に向かって、自らもう一度関係を作り直そうとするとき、そこに大人がいるのである。となれば、実は大人と年齢には大した関係がないだろう。

「仏教では自業自得《じごうじとく》と言うじゃないか」と突っ込まれるかもしれないが、この話は「自業」を、つまり自分の在り方を、どこまで深く自覚するかにかかっている。これを簡単に他人に向けて言う人は、私の経験ではほぼ例外なく、「業」の自覚が絶望的に浅い。ということは、大した「自得」もない。その上、他人の「行い（業）」を云々することに傍若無人なほど熱心である。他人を簡単に責めるのは、未熟な者の最もわかりやすい特徴の一つだ。

私は、もの心つき始めた幼少期から、ただの一度も大人になりたいと思ったことはないし、なるべきだと思ったこともない。そうならざるを得なかったに過ぎないし、単に仕方なかったのだ。ただ、「仕方がないことは仕方がない」と覚悟しなければならないと思った時期は、おそらく人より早かった。私が「マセている」と、よく言われたゆえんだろう。

結局、「マセた子供」が出家したのは、そうでもしなければ、「大人」になれなかったからかもしれない。

「ところで、『無理ゲー』って、知ってるか？」

私は即答した。

「聞いたことはある。仏教で言えば、『一切皆苦』だな」

三　ゼロ思考――万事を休息せよ

いつの頃から言われ始めたのか知らないが、私がどうしても苦手で馴染めない言葉に「プラス思考」というものがある。これをやたら連発するのは、多くの場合中年以上の男で、女性や若者から聞く頻度は、私に関する限り少ない。

類語に「ポジティブ」「前向き」などがあるが、これも我が物顔に言われると辟易するしかない。

以前、某ホテルの喫茶店で人を待っていたら、隣の席に同僚らしき男が二人、差し向かいで座っていて、年配の方が若い方に、「プラス」関係を乱射していた。

「だからさあ、そこはプラス思考で行こうよ。何事も前向きでやらんと、君みたいにネガティブに考えてたら、先に進まんもん」

「はあ……」

「ダメ、ダメ！　変に考えすぎると、マイナスだよっ！」
「ただ、対案を出すとき、もう少し詰めておくべきだったと……」
「それは済んだこと！　もう次を考えんと！　ポジティブにいかんと!!」

若い方は、落ち込んでいるようにも、後悔しているようにも見えなかった。彼は反省していたのである。その「反省」に対して、中年は、とにかく「次」に向かって、プラスでポジで、前に出ろとまくし立てるのだ。

私は別に、「ネガティブ」が良いとも、「マイナス思考」が大事だとも、「後ろ向き」が必要だとも思わぬが、他人の「反省」を無にしてまで、何故に人が「プラス」関係にこうも自信満々なのか、理由がわからない。その「プラス」とは、いったい何を意味しているのか。

思うに、それは「もうけること」「稼ぐこと」「得をすること」であろう。「ポジティブ」も「前向き」も基本はそれである。より大きく稼ぐために「ポジティブ」で「前向き」でなければならない。

いや、「人間的な成長」や「社会人として認められる」ためだと言う御仁もいよう。

気持ちはわかるが、当節では「成長」も「認められる」のも、それを計測する「ものさし」は儲けと稼ぎ、すなわち金である。

それなりに真面目な「反省」が、「マイナス思考」で「ネガティブ」で「後ろ向き」にしか見えないのは、本来なら測るべきでないところを、金で測るからである。当節、人を「人材」と呼んで憚らないのは、我々の思考と心情が、市場経済の金回りの中にドップリ浸かっている証拠だ。

*

「夢」や「希望」を喧伝する、それこそ夢のように馬鹿気た話を、若いころに何度も聞かされたが、この「夢」「希望」噺の元ネタは投資である。

投資は時間差で儲ける。将来の儲けを当て込んで、今ある金をつぎ込む。将来の理想のため、今ひたすら努力しろと言い募るのは、先の大金を期待させて、いま手元の金を使わせて儲ける金融会社と同じで、「夢」で気を引いて、現在の「努力」を絞る誰かがいる証拠だ。その「洗脳」の結果、休日を「スキルアップ」のため「自分に投資」する者まで出てくるのである。

儲けは、時間差だけではなく、空間差でも生じる。交易である。交易は、こちらに無いものがあちらに有り、こちらに有るものがあちらに無いという、その「差異」で儲ける。

この儲け方をそのまま人間関係に当てはめると、「個性は大事だ」というシュプレヒコールになる。まるで「個性」という物がどこかにあって、それが各自の「中」に詰まっているような言い草だが、埒もない錯覚に過ぎない。

「個性」などというのは、同じ物事に対する態度の違い、取り組み方の違いなどを通じて、結果的に現れるものであって、多くの場合、他人から言われて気が付くものである。

いきなり「私の個性は……」などと堂々と言い出す者がいるとすれば、おそらく勘違いしたナルシストくらいであろう。

この「個性」は最近さらに市場化している。時々会話に、「私の売りはですね……」というセリフを聞くことがある。この「売れる」個性が「キャラ」だ。

「○○って、私たちの中では、癒し系キャラだよねっ！」

おそらく、「人材」に市場があるように、いまや友人関係にも「友人市場」があるだろう。そこでの「人材」が「キャラ」だから、一度「癒しキャラ」に就職したら、その友人関係にある間は、割り当てられた「キャラ」をお勧めすることになるのだ。もはや市場が社会を規定している以上、そこから離脱することはできないし、後戻りもできまい。が、市場は「閉まる」ことがある。ならば、我々も頭の「市場化」を時々止めるべきではないか。

＊

「プラス」でも「マイナス」でもない「ゼロ」の思考。

「ポジティブ」でも「ネガティブ」でもない「ニュートラル」な在り方。

「前向き」でも「後ろ向き」でもなく、そこに「止《とど》まる」こと。

私は時々、と言うよりは定期的に、それが必要だと思う。

「プラス思考」で「ポジティブ」で「前向き」な人は、そうである限り、そうさせている「ものさし」の正しさを疑わない。そして、その道具がいつでもどこでも通用すると信じがちである。そこが危ない。

この世の信じがたい厄災は、これら「プラス」関係の行動から出る。「反省」に乏しいから微調整も効かず、一度方向がズレると、取り返しがつかないところまで行くことになる（某大統領の蛮行を見よ）。

「ゼロ思考」は「思考ゼロ」、つまり考えないことではない。

損得でものを見ないこと、自分の「見たいもの」を見ようとしないこと、そのものを「見る」のではなく、そのものが「見える」ようにすること、である。

その先を行けば、禅門で言う「非思量《ひしりょう》」（物事を自分への問いかけと受け止めて、安易に答えを出さず、そこにとどまること）の境地があるだろう。この「非」が「不」でないところが肝心なのである。

「ポジティブ」でも「ネガティブ」でもなく「ニュートラル」であるには、要するに「いい加減」にしておけばよいのだ。手を抜けと言っているのではない。「火加減」「水加減」が難しいように、「加減」には注意深さと手間が要る。

結論を急がず、「様子を見る」「時機を待つ」ことも立派な「加減」の策である。そして、「反省」は「加減を見る」には欠かせない手間なのだ。

「前向き」も「後ろ向き」も通用しない時は、止まる以外にない。止まらない限りは見えない風景がある。それは足元であり、現在地である。行先を選ぶには止まるしかない。

何のために儲けるのかを考えるには、儲けることを一度止めるべきである。そうしない限り、儲ける意味はわからない。

金自体に意味がない以上（メモにも使えぬ紙を貯め込んでどうするのだ。今や液晶の数字か）、止まる習慣が無ければ、道を間違えることは必定であろう。

「ゼロ思考」「ニュートラル」「止まる」を全部まとめて実践すれば、「休む」、ということになる。わが道元禅師は「万事を休息す」と教えた。万事である。これは難しい。それには休む覚悟とテクニックが不可欠だ。

そのテクニックが「坐禅」だと、禅師にならって持ち出したら、あざとい「プラス思考」になってしまうかな。

四　「苦」の正体――覚めない夢、破れる現実

学校と相性の悪かった私は、学生時代に数々の苦杯を舐めたが、その幾つかは余程のトラウマとなったのか、五十を過ぎても夢に出て来た。

一つは、高校の定期テストで、科目は何かわからないが、一問もわからず、このままだとゼロ点だという瀬戸際に追い込まれて、あまりの焦燥で失禁しかけたとき、なぜか着ている服の袖が作務衣であることに気づいて、「あれ？」と思った途端に目が覚める、というものである。

もう一つは、どういうわけか、永平寺への入門が決まったのに大学の単位が足りず、卒業できなくなる夢である（実際には卒業後、一般企業に就職してから出家した）。

浅知恵でよく知らない洋酒を買い、それを持参して指導教授（それがいたのかも今やわからない）のところに、泣き落すつもりで駆けつける途中、思い切り転んでしたたか

顔面を打ち、あまりの痛さに両手で顔を覆ったら、服の袖が作務衣――。

このように馬鹿げた夢を、五十を過ぎても、疲労が蓄積すると決まって見ていた。ただ、馬鹿げていることは確かだが、見ている最中は正しく「現実」である。あの焦燥は実際に大量の寝汗をかかせ、私を疲労困憊にさせたのである。

では、目覚めている時の現実と、夢の中の「現実」はどこで区別したらよいのか。現実と「現実」、それぞれの内容では区別できない。「現実」がいかに馬鹿げていようと、「現実」の中にいる人物には現実なのだ。

この区別は、「現実」から目覚めるかどうか、それだけにかかっている。よく「夢が破れる」と言うが、それは違う。「現実」が破れて夢になるのである。

したがって、今度は逆に、大災害や突然の戦争などで、日常生活という現実の方がいきなり破壊されると、人は茫然として「悪夢を見ているようだ」と言うのである。また、認知症が次第に進むと、当人は「夢と現実の区別がつかない」と言い出すことがあるのだ。

ということは、現実と「現実」、すなわち現実と夢の違いは、そう当たり前なことではない。夢がイメージなら、我々の現実も実はイメージである。我々は自分の身体をメディアにして、外界を五感などの感覚器官を通じて認識しているに過ぎない。認識しているのは、ナマの外界そのものではなく、そのイメージを現実として構成しているのだ。

＊

イメージという点で、現実と夢の区別はつかない。違いは、そのイメージがどれだけの規模と強度で、いかに長く他人と共有されているか、だけである。規模と強度と期間――それらが他に勝るイメージが、我々の現実となる。夢の「現実」は、〝最弱の現実〟として淘汰されるわけである。

このことを大乗仏教は「唯識《ゆいしき》」とよばれる思想で、大昔から教えている。この思想を極端に単純に言ってしまえば、我々は「存在しているものを認識する」のではなく、我々の「認識が一切の存在をつくり出す」ということである。

唯識思想は、我々と外界、存在するあらゆるものが、「阿頼耶識《あらやしき》」と呼ばれる、根源的な意識から生まれてくるのだと言う。それは当然個人の意識を超え、個人の意識を拘束する。それが共通の「現実」を作り出し、我々に現実を与えるのである。

この思想に全面的に賛成するかはともかくとして、我々が手にすることができる現実がイメージにすぎず、要するに夢と質的に差がない「現実」でしかないことは、事実である。

となると、問題は「何を認識するか」ではなく、「どう認識するか」になるだろう。認識の仕方で存在するものの在り様が変わってしまうからである。まさにここが、いまの時代に大きく浮上している「バーチャル・リアリティ」「フェイクニュース」問題の勘所である。

人間の現実はつい最近まで、基本的に身体という、共通の構造を持つメディアのみで作られていた。つまり、「身をもって知る」「体で覚える」ことが現実の保証であり、だから、我々は共有の規模が大きくて強度が高く、長期間通用するイメージを確保して、現実として持ち得たのである。

ところが、人間の身体的な感覚や、それに基づく認識を、拡張したり変形する技術が急激に発展し普及すると、その技術の種類と強度に応じて、現実は分裂していく。

今はまだ、身体に機器を装着する段階だから、身体に保証された現実と機器による「現実」の区別は残る。しかし、それが長期間装着され続けるか、生まれた直後から装着させられ、機器が身体化すれば、この区別は無意味になるだろう。

さらに状況が先鋭化すると、我々が今まで普通に向き合っていた現実は、分裂して様々な「現実」が生まれ、それが競合し、淘汰され選別されて、我々に対してより拘束力の強い「現実」(=共有される夢)が、晴れて現実の地位に就くことになるだろう。日本の『攻殻機動隊』というアニメーション映画、『マトリックス』というアメリカ映画が垣間見せるのは、そういう世界である。

＊

だが、所詮、夢が破れるように、いかなる現実も必ず破れる。我々の現実も「現実」だと知る。これを「諸行無常」と言うのだ。ならば、真に「リアル」と言えるのは何か——。

リアルなのは、あらゆる現実は必ず破れる、という事実である。いつ、どこで、なぜ破れるのか、それは決してわからない。でも、破れる。これが仏教の言う「苦」である。いかにそれを望もうとも、確かな、我々に忠実な現実は存在しない。

したがって、我々はこの先、現実が実は「現実」に過ぎないことを肝に銘じて、それがいかに作られるのかに目を凝らさなければならない。それとは別の、誰にも共通で不変の、絶対的な現実は無い。リアルとは、「現実」が常に破れる事実を言うのであって、バーチャルとは、いつまでも「現実」が続くという錯覚である。

破れる以上は作り物である。ならば、どのように作られているのかを知ることが、より「確かな現実」を見極める方法であろう。おそらく、「確からしさ」を競う時代は、何かを理解する前に、何を信じるかを問われるようになっていく。

そのような時には、人々はより簡単で強力な「確からしさ」を欲望するようになるだろう。この新たな欲望は、それぞれの自由を誰かが説く「確からしさ」に明け渡すことを招くかもしれない。何が確かな「現実」なのかを考え選び取る困難に耐えかねて、誰かの「現実」に我が身の全てを委ねたくなるかもしれない。

次に来るのがどのような時代なのか、管見の及ぶところではないが、現実が揺らぎ、確かな「現実」が失われつつあるように見える今、はるか二千五百年前に「諸行無常」を説いた人物は、自分の生きていた世界と時代を、その「現実」を、どのような眼でみていたのだろうと、思えてならない。

五　死んだ後のことは放っておけ

その人物には才覚があった。学校を終え、将来事業を起こす準備として、その役に立ちそうな会社に就職して、ほぼ予定通りの頃合いで辞め、かねて志していた事業を起こし、持ち前の先見の明と粘り強い努力で、それなりの会社に育てたのである。

その間に家庭を持ったが、ここにも彼の「経営」感覚が適宜応用され、夫婦間に大きな波風は立たず、子供たちも無事独り立ちして、後顧の憂いも無い。要するに、この世に苦労が皆無の人生はあり得ないにしても、まずは結構な日々を過ごして、老境に至ったというわけである。

知り合いになって暫くして、

「実は、そろそろかと思って……」

と言いながら、彼はある「プラン」を見せた。それは、まるで事業計画のような、いわゆる「終活プラン」であった。プランどおりに死ねると思うところがカワイイものだが、本人は大まじめで、仕事からの完全引退に始まるその計画は、実に驚くべきものであった。

まず、健康で自立生活できる期間と、介助が必要な期間が予想されていて、その時々にやりたいことと、やらなければならないことが、時系列でプログラミングされ、大よその必要経費まで書き込まれていた。

最後は子供たちに「迷惑をかけないため」に夫婦共々（妻の意向は知らない）高級高齢者施設に入居する手はずになっていたが、生まれてくる時に大迷惑をかけているのに、死ぬ時に迷惑をかけて、なぜいけないのであろうか。どちらも自己責任とは関係ないのに。

遺言の草案のような文章もあって、

「これはまた、おいおい書き直します」

という話だったが、私が大丈夫かと思ったのは、遺産の金額はまだ記入していなかったものの、三人の子供それぞれに対して、何故この金額なのかが、かなり詳しく説明されていたのである。

「もめるといけませんからね」

しかし、これはさらに「もめる」原因になりかねない。

最も字数を費やし、かつ詳細だったのは、なんと自分の葬式の次第である。坊さんを目の前にこれを見せるのはいい度胸だと思ったが、無宗教で（まあ、いいけど）行う代物であった。したがって、演出はすべて彼の一存である。

葬儀会社（取引先だという）、祭壇の規模、案内すべき弔問者の大物どころの名前と人数、座席の位置、司会進行の「台本」、各自の弔意の表し方、流すべき音楽数曲。ここまでになると、もうわかる。彼はいま暇で退屈だから、こんな「事業計画」を作り、他人に見せて、その成果を「評価」させようとするのだ。

家族がこれを「ありがたい」と思うか、「迷惑だ」と思うかは、私の与《あず》かり知らぬところだが、私はこういうことに「凝る」のはやめたほうがよいと思う。

以前、葬儀会社の入り口に「自分らしいお葬式」という看板が立ててあったが、そのとき「自分」はいないのだ。「らしい」も何も無い。少なくとも、弔いをするのは自分ではないのだから、遺《のこ》って弔うほうに丸投げして、好きなようにさせるのが一番だろう。故人の言う通り散骨したら、後に親族で騒動になり困ったという例もある。

勘違いしてはいけないのは、葬式は生きている人が生きている人のためにやるものであって、死んだ者には関係がない。そこに故人はいないのだから。

葬式の仕方は、お国柄、宗教宗派によって様々だが、その核心にある意味は一つだけである。それは、「〇〇さんは死んだ」と確定することである。この確定によって、それまでの「生者」は「死者」となり、我々と「死者の〇〇さん」との新しいご縁が始まるのだ。

＊

人は他人と共に生きる。だから自分が生きたようにしか、他人に弔われない。それだけである。後のことまで口を出すのは余計と言うものだ。ただし、一つ、是非とも生きているうちにハッキリさせておくべきことがある。それは、最終的に自分の息の根を止める決断を、誰にさせるのか、ということである。

昔と違って、当節そう簡単に死ねない。生かそうと思えば、体中を機械に繋いで、「寿命」自体はいくらでも延ばせる。もし、突然意識を失ったまま「脳死状態」になったり、「延命措置」に関して何の意志表示も無いまま、重度の認知症になったら、最期にどうするのか。

たとえ「延命措置」を拒否する意志を遺したとしても、今わの際で前後不覚になった時、家族の合意が得られなければ、医師は一方的に措置の停止はしないだろう。後で訴えられたらコトである。

つまり、ある人物を死なせる最終決断を誰にさせるのか、あるいは最終決断を家族内でどのように決めるのかを、死ぬ当事者が生きている間に身内で合意しておくことが重要である。ある人物の最期に家族がこれで言い争いになっては、死ぬ当事者も死にきれまい。

「自己決定・自己責任」という浅はかなアイデアで何事も押し通そうとする馬鹿者がいるが、これが昂じると、自分の死まで「自己決定・自己責任」でケリをつけようとする。何が何だかわからないもの（絶対にわからない！）について、どうやって自分で決めるのか。

かろうじて決められるのは、死ぬまでのこと、つまり生きている間のことで、死とは無縁である。ならば、生きている間のことなのだから、周囲の方々のご都合・ご事情を考えるのが大人というものであろう。

大人として死にたければ、自分でできることはほとんどないと思うべきだ。おそらく自分でできることの中で、遺された者に感謝されそうなのは、持ち物を極力減らしておくことである。だが、これは想像以上に難しい。

人は「命」が惜しくなくなっても、「自分」は惜しいものである。「死刑になりたい」と言って罪を犯す者は、往々にして、自分の「命」に価値を認めなくても、自分の「存在」は認めてほしいのだ。

すると、もう「要らない」物でも、それが「自分の物」であるという、その一点で惜しくなる。所有行為が人間を意味づけるのが、市場社会というものなのだから。が、この事情も遺される者とは関係ない。形見分けなど、そこに残っていれば、欲しがる者には何でも形見である。特に「準備」するなど、要らぬ心配だ。

持ち物を減らし（七十過ぎれば、一年使わない物はまず要らないと、昔老僧が言っていた）、誰が自分の息の根を止めるのかハッキリさせておけば、後はもういいのではないか。住職三十年、私はそう思う。

六　貧学道――「所有」という錯覚

たとえば、その土地自体にも周辺にも大した天然資源がなく、かと言って交通の要衝でもなく、その上に面積も非常に小さい、ありふれた地域や島があるとする。ところが、それが二つの大国に挟まれていたりすると、時と場合によっては、血で血を洗う「領土紛争」の現場になる。

私は、子供の頃から不思議であった。こんなところを争う人的・物的負担を考えれば、あっさり相手に譲る方がいいのではないか。そうでなければ、ジャンケンかクジ引きにしたらよいのではないか。

これはある意味で完全に正しいが、別の意味で全くの無知から出る考えである。なぜなら、これは、「所有」という観念の争いで、物の価値自体の問題では無いからである。

私が昔「譲ればよい」説を述べたところ、当時のクラスメートは即座に言った。

「そんなことをしたら、他のところも譲れと言われて、最後に国が取られる」
「ジャンケン」論を主張したら、
「こんな大事な事を、そんなことで決められるわけがない。もっと大きくて重要な場所でもジャンケンで決めるのか！」

この議論は、その時争われている当の土地を問題にしていない。問題は「どちらのものとするか」という所有権のみに関心が集中している。つまり、争点は「所有」という観念なのだ。

だいたい、「所有」とは事実ではなく、制度である。この世の誰が作ったわけではない土地に、勝手に線を引いて「こっちからこっちはオレのもの」などというアイデアにまともな根拠が無いのは当然であろう。

ならば、「自分で作ったもの」の所有は当然なのかと言えば、それも僭越な話である。なぜなら、その「自分」を自分で作っていないからだ。この話は、根拠の底が最初から抜けているのである。だから、近代以降の思想では、わざわざ身体は無条件に自分の所有物と決めて置いて、その身体の労働の結果を、さらなる所有の権利のあるものと認めたのだ（ジョン・ロック）。

根拠が無いのにもかかわらず、大国がわずかの土地に拘り、桁外れの大金持ちでもさらに金を欲しがるのは、所有欲の対象が物ではないからである。では何を欲望しているのか。

それは無いはずの「根拠」である。

あらゆる「所有」には、実は根拠が無い。

それは人工的に合意して制度として納得するしかない。ならば、「所有」は所有し続けること、闇雲に所有を欲望し続ける行為で、その意味を補塡するしかない。底の抜けたバケツに水が満ちているように見せかけるには、際限なく水を流し込むしかない。

＊

もう一つ、所有物は、必要物ではない。

必要物なら、すでに使っているか、すぐに使い切って、所有する余地が無い。いわゆる「剰余物」しか所有の対象にはならない。ではなぜ、人は当座必要の無い物の所有に血道をあげるのか。それは、所有を自己の存在根拠に代用するからである。

近代以降の社会は市場を基盤に形成される。この取引と競争を基軸とする社会でこそ、所有は問題になる。所有は取引と競争の前提であり、取引と競争に参加できない人間を、市場は必要としない。

ならば、「市場的人間」は、自分の幻想的な存在根拠を保つため、際限なく所有し続けなければならない。すなわち、他人が欲しがるものを、他人より多く所有しなければならない。自分の趣味であろうが無かろうが、必要であろうが無かろうが、とにかく所有することで、「市場的人間」たる自分の存在を強化し、正当化しなければならない。

「市場的人間」とは、いわば「われ思う、ゆえにわれ有り」の人ではなく、「われ所有する、ゆえにわれ有り」の人である。「考える葦」ではなく、「所有する葦」なのだ。だから、「市場的人間」は、自己決定と自己責任という浅はかなアイデアを金科玉条のごとく喧伝するのだ。

「所有」とは、廃棄や破壊も含めて、自分の思いどおりにできることであり、その範囲での責任を取ることだからである。これはまさに自己決定と自己責任の核心的意味で、こんな思い上がった考え方は、市場以外では通用しない。いま、これが大手を振っているのは、市場が経済を超えて、不躾にも社会全体を侵食しているからである。

すると、ゴミ屋敷の主人も、「断捨離」の御仁や、「ミニマリスト生活」主義者の所業の意味も、わかろうというものである。

あるゴミ屋敷の主人は、これは「ゴミ」ではなく「資源」だと言い続けていた。もしゴミなら所有する意味が無く、市場化した社会からはじき出される。「資源」ならば、所有の対象となり、社会との縁が幻想的に保たれる。

結果的に「ゴミ」が溜まったのではなく、意図的に「資源」を「所有」し続けるなら、この人物は、事実として孤立に陥っていても、「市場的人間」であることを諦めていないのである。それは、この社会では「人間」を諦めないことなのだ。

だとすると、意図するところなく、様々な事情から、結果的にゴミ屋敷になってしまったところに暮らしている人は、社会から孤立し、そのような自分を「ネグレクト」し、この社会において「人間」であることを諦めてしまったように、私には見える。

反対に、断捨離してミニマリストになり、何も物を置かないような部屋に住んで悦に入っている人がいるが、これはゴミ屋敷の主人のネガである。断捨離は「所有」の一形態であり、物を思いどおりにすることとしては、まるで同じである。

だから、我々は「何もない」部屋に魅了される時があるのだ。「何もない」部屋は「何でも入れられる」部屋である。あの部屋は、裏から人間の所有欲を刺激しているのだ。断捨離が流行るのは、社会が極端に市場化されているからである（昔、『清貧の思想』という本が流行ったが、発想は同じ）。

人を「人材」と呼んで憚らないのは、人間を商品として取り引きするからである（これほど貧しい人間観は、未だかつてこの世に無い）。「個性」を大声で叫ぶのは、交易が空間の差異から利益を引き出すように、人の差異に意味があるように錯覚するからである（所詮、同じＤＮＡなのだ。さほどの違いがあるわけがない）。

「夢」や「希望」を扇動して止まないのは、投資が時間差で儲けることを手本に、不確かな将来のために今の自分を犠牲にする行為が、あたかも「美徳」であるかの如く洗脳するからである（四十も過ぎれば、その馬鹿々々しさに嫌でも気づくだろう）。

＊

仏教には「貧学道」という言葉がある。基本的には、修行僧は衣食住が十分満たされることを欲せず、本当に必要な物のみを持って、修行に励むべきだということである。そして、この「貧」の意味を学ぶべきだと言う。

これを「学道」だと言う以上、生活苦のような貧困状態に甘んじていろ、などという馬鹿げた話ではないことは、無論である。

学ぶべき「貧」とは、欠乏生活の賞揚でも断捨離の押し付けでもなく、その根本にある、「所有」という錯覚的行為に対する根源的な批判なのだ。「所有」は、無いはずの根拠を有るかのように錯覚させる。仏教はそこを撃つ。

錯覚で突進すれば、いずれ厄災が来るのは目に見えている。市場化の果てに気候危機がやって来たが、SDGsなるものも、その底に市場の論理が働いているなら（二酸化炭素の排出量「取引」などという思いつきが、既に危険だ）、本物の厄災となって、社会を破綻させるだろう。

我々はものを「所有している」と考えるのではなく、当面の間「借りている」と考えたほうが良い。いずれ返すなら、返せるように使うべきであろう。

自分の体も、所詮借りものだ。作らなかった以上、そう思う他あるまい。丁寧に使って、きちんと返すべきなのだ。

七　命の種——「あなたがそこにいてくれるだけでいい」

私は、幼い頃から父親が苦手で、本当に打ち解けて話した記憶などほとんど無かったが、時々子供心にも忘れ難いことを言う人で、そういう意味では、今も随分と影響されている気がする。

私が中学か高校生で、父親は現役の教師だった冬、炬燵の中、二人でテレビを見ていた。

ちょうどニュースの時間で、やや下ぶくれで眼鏡のアナウンサーが、少年による傷害事件を報じていた。

内容はよく覚えていないが、かなり理不尽かつ深刻な犯行で、事実報道の後、いわゆる「識者の解説」と「街の人の声」のような、二、三人のインタビュー場面があった。

その中の一人が、少年が「生まれついての悪人」であるかのような言い方をした。すると、突然、父親が大きくはないが、はっきりした口調で言った。

「生まれついての悪人なんか、いない。小さい時に大人から大切にされなかった者が、様々な不運が続いて、そう見えるようになっただけだ！」

別に、私に言い聞かせるような口調ではなかった。むしろ、多少の怒気に押されて、思わず出た言葉に聞こえた。それは何らかの経験に由来する、確信に満ちた言い方だったのである。

＊

私の知るある老僧は、終戦直後の若かりし頃、自分が住職する寺で、戦災孤児を引き取って育て始めた。

「東京に用事があって上野駅まで行ったら、いっぱいおるんだ。見ておられなかったな。で、連れて帰った」

住職は「で、連れて帰った」でよいだろうが、それですまないのは、その妻である。自分の子供も持たぬうちに、夫の出張の度に、寺に子供が増えるのである。

「家内は怒ってなあ。私は普通の暮らしがしたいんですっ！　って泣くんだ」

「そりゃそうでしょうねえ」

「だから、わしは言ったんだ。普通がよけりゃ実家に帰れ、おれは仏様の教えに適う道を行くんだ、いっしょに行けることを有難く思えって」

「何だか、無茶苦茶な……」

しかし結局、この妻があってこそ、「おれの行く道」は続いたのである。

「ある時、本当に小さい、三、四歳くらいの子を連れて帰ったことがあった。ずっと怯えていたな。列車で隣に座らせても、小刻みに震えてるんだ」

「これからどうなるのだろうと、怖かったのでしょうね」

老僧が連れ帰ると、妻はいつもの段取り通り、まず風呂に入れ、服を着替えさせた。

「それでも、まだ震えてるんだ。夕飯もほとんど食べないし」

「よほど他人から酷い目にあったのでしょうか」

「うん、かもしれない。そうしたら、家内も尋常でない様子を見て、『今日、私、この子と一緒に寝る』、と言うんだな」

住職の妻は、その日から三日間、彼と添い寝をしたという。

「あいつは頭のいい子でな。本当は高校にも行かせたかったが、あの頃のわしには金が無かった。とりあえず、子供たちを食べさせるのに精一杯でな。でも、あの子は無事に育って、中学を卒業し、当たり前のような顔をして、就職してくれた」

「本人には、いろいろ思うところはあったかもしれませんが、全部飲み込んでいたでしょうね」


成長した彼は、自分で商売を始め、持ち前の真面目さと人当たりの良さで、商いは成功し、温かい家庭も築いた。そして、度々老僧のもとを訪れ、近況を語ったという。

「ある日、世間話をしていたら、家内の姿が見えなくなったところで、急に言い出すんだ」

「何をですか」

「『お父さん、俺はね、お母さんが一緒に寝てくれたことを、今でもはっきり覚えてるんだ、俺がしがみついたら、ぎゅっと抱いてくれたんだ、とな」

　私は黙って、ただ聞いていた。

「お母さんは、『だいじょうぶだからね』と言った、『元気にがんばろうね』と言った、俺は、これを支えに今まで生きてきたようなもんだ、そう言うんだよ」

＊

思うに、人は自分の生まれてくる理由も、目的も、意味も知らない。しかも、自分の存在は他人に一方的に決められる、いわば「お仕着せ」の自分である（体は他人製、名前＝社会的人格は他人の決定）。

したがって、いくら考えようと、「自分の命の大切さ」だの、「自分の生きる意味」だのを自力で発見できるわけがない。

理由も目的も意味も知らず、ただ生まれて来ただけの無価値な存在（存在理由・目的・意味を持たない「価値」など、無い）が、「自分の大切さ」を感じることができるとすれば、それは自分以外の誰かに大切にされたからである。

お仕着せの服を着る気になれるのは、似合うと褒められた時だけだ。

「命の尊さ」が理解できるのは、「あなたが、ただそこにいてくれるだけで、私は嬉しい」と断言する者がいて、言われた人がそれを実感できた時だけである。

それこそが「命の種」なのだ。

「親」とは、それを無条件で言う人である。生んだ人ではない。生もうと生むまいと、

「あなたがそこにいてくれるだけでいい」と断言し、そう「子」に実感させる者が「親」なのだ。

赤の他人も、これが言えれば、「子」の「親」であり、生んでもそれを実感させられなければ、「親」ではない。「命の種」を植えるのが「親」なのである。

したがって、我々（「子」）は自分の存在に何ら責任は無い。責任は一方的に「親」にある。その自覚と、責任を負う覚悟が無ければ、人は「親」になってはいけない。

＊

それだけではない。

もう一つ。社会、あるいは国家は、メンバーの世代的「再生産」を、「家族」「親」に委託している。

この「再生産」が無ければ、社会も国家も成立しないのだから、社会や国家が「家族」「親」に対して、「再生産」に協力し、これを保護するのは、無条件で第一義的な責務である。出生率という打算半分に、「子育て支援」などと、尊大で悠長な言い草で誤魔化すような話ではないのだ。

「親」が「子」に一方的な責任を負い、その「親子関係」を規定しているのが社会・国家である以上、社会・国家は、「親」同様、「子育て」の完全な当事者である。本来、「子」は「親」と社会・国家から、無条件的に大切にされて当然なのである。と言うよりも、「親子」を大切にするから、国家や社会の未来があるのだ。国家や社会のために「親子」があるのではない。

あの時、父親は続けていった。

「たとえ一時でも、大人から大切にされた実感が確かにあれば、そいつはどんなにグレようと、道を誤ろうと、いずれ真っ当な生き方に戻る」

私は、この一言で、父親がひとかどの教師だったと、今でも信じているのである。

南直哉　禅僧。恐山菩提寺院代（住職代理）。1958年長野県生まれ。84年に出家得度。2005年より恐山へ。2018年、『超越と実存』で小林秀雄賞受賞。著書に『老師と少年』『恐山』『正法眼蔵　全新講』など。

Ⓢ新潮新書

1037

苦《くる》しくて切《せつ》ないすべての人《ひと》たちへ

著　者　南直哉《みなみじきさい》

2024年4月20日　発行
2024年9月5日　4刷

発行者　佐藤隆信

発行所　株式会社 新潮社

〒162-8711　東京都新宿区矢来町71番地
編集部（03）3266-5430　読者係（03）3266-5111
https://www.shinchosha.co.jp

装幀　新潮社装幀室

印刷所　株式会社光邦
製本所　株式会社大進堂

© Jikisai Minami 2024, Printed in Japan

乱丁・落丁本は、ご面倒ですが
小社読者係宛お送りください。
送料小社負担にてお取替えいたします。

ISBN978-4-10-611037-5 C0215

価格はカバーに表示してあります。

Ⓢ新潮新書

464
恐山
死者のいる場所
南直哉

イタコの前で号泣する母、息子の死を問い続ける父……。死者に会うため、人は霊場を訪れる。たとえ肉体は滅んでも、彼らはそこに在る。「恐山の禅僧」が問う、弔いの意義。

815
生死の覚悟
髙村薫
南直哉

直木賞作家と「恐山の禅僧」による、七年越しの対話。信心への懐疑、坐禅の先にあるもの、震災とオウム……実存の根源的危機が迫る時代に、生きることと死ぬことの覚悟を問う。

915
不要不急
苦境と向き合う仏教の智慧
横田南嶺　細川晋輔　藤田一照
阿純章　ネルケ無方　露の団姫
松島靖朗　白川密成　松本紹圭
南直哉

「不要不急」が叫ばれる昨今で、真に大切なものは何か——。この難題に十人の僧侶が挑む。「生死事大」「無常迅速」「自利利他」など仏教の智慧に学ぶ、混迷の時代を生き抜くヒント。

987
マイ遍路
札所住職が歩いた四国八十八ヶ所
白川密成

札所の住職が六十八日をかけてじっくりと歩いたお遍路の記録。美しい大自然、幽玄なる寺院、空海の言葉……人々は何を求めて歩くのか——。日本が誇る文化遺産「四国遍路」の世界。

421
マイ仏教
みうらじゅん

グッとくる仏像や煩悩まみれの自分と付き合う方法、地獄ブームにご機嫌な菩薩行……。辛いときや苦しいとき、いつもそこには仏教があった——。その魅力を伝える、M・J《みうらじゅん》流仏教入門。